粉と材料を混ぜるだけ！

自家製
ミックス粉で
かんたんおやつ

吉川文子　著

ナツメ社

mix powder

ミックス粉があれば、
お菓子作りがもっと楽しく、もっと広がる！

あわただしく過ぎる毎日、手軽にお菓子作りができる
ホットケーキミックスは大人気ですね。
これを自分で作ってしまいましょう！というのがこの本のテーマです。

「自家製ミックス粉」とは、小麦粉に砂糖や膨張剤などを加えて
ふり混ぜるオリジナルのミックス粉です。
材料に何が使われているかわかるので安心ですし、
計量する材料が減るという、うれしいメリットも。

また、材料を選べますので、お気に入りの粉を使ったり、
砂糖の種類を変えたり、好みのスパイスを入れるなど、
みなさんオリジナルの粉も作れるという楽しさもあります。
一度使ったら存在を忘れられがちなベーキングパウダーも、
ミックス粉があれば、最後まで無駄なく使いきることができます。

この本では、自家製だからこそ、求める食感や生地の質感に合わせて配合した
2種類のミックス粉を使い分けながら、パンケーキはもちろん、
マフィンやクッキー、スコーン、カステラ、パイなど、
様々なお菓子や軽食を紹介しています。

毎日のようにお菓子を作っている私ですが、このミックス粉を使うようになってから、
お菓子作りがさらに身近なものに感じられるようになりました。
特に、スコーンミックス粉を使ってスコーンを作るとみんな大喜び！
ミックス粉を考案して本当によかった！と思える瞬間です。

材料を保存袋の中にどんどん入れて、シャカシャカふり混ぜたら、魔法の粉の完成です。
さあ、お好きなメニューから気軽に作ってみてください！

吉川文子

Contents
■＝ケーキミックス ／ ■＝スコーンミックス

Part.1
ミックス粉で作る
はじめてでも失敗なしの簡単おやつ

Part.2

ミックス粉で作る
手軽にできるとっておきのケーキ

Part.3

ミックス粉で作る
毎日食べたい焼き菓子とおやつ

この本の使い方
- ●小さじ1＝5mℓ、大さじ1＝15mℓ、1カップ＝200mℓです。
- ●オーブンの温度と焼き時間は電気オーブンとしています。機種によって熱の当たり方が違うので、様子を見ながら調節してください。
- ●電子レンジの加熱時間は600Wの場合の目安です。500Wの場合は時間を1.2倍にしてください。
- ●電子レンジを使用する際は、すべてラップをかぶせないで作業してください。
- ●バターはすべて無塩バターを使用しています。
- ●植物油は太白ごま油、なたね油、米油など、味や香りにクセのないものを使用してください。
- ●生クリームは乳脂肪35〜38％のものを使用しています。
- ●打ち粉は強力粉を使用していますが、なければ薄力粉を使用してください。
- ●計量単位は、レシピによって計りやすい単位になっています。

この本で使うミックス粉は2種類！

CAKE MIX
ケーキミックス粉
ほんのりと甘さを感じられる配合

材料（作りやすい分量）

薄力粉 … 500g

グラニュー糖（微粒）… 100g

ベーキングパウダー … 小さじ5

＊ベーキングパウダーは小さじ1=4g

「ケーキミックス粉」はパンケーキなどのふんわり、しっとりとした食感や、クッキーなどの
サクサクと軽い食感のお菓子作りに、「スコーンミックス粉」はスコーンなど軽快で歯ごたえのある
食感のお菓子や、マフィン、食事系のブレッドなどを作るのに向いています。

SCONE MIX
スコーンミックス粉

控えめな甘さに軽い塩味の感じられる配合

材料 (作りやすい分量)

薄力粉 … 500g	重曹 … 小さじ1
強力粉 … 250g	きび砂糖 … 80g
ベーキングパウダー … 小さじ7	塩 … 小さじ1

＊ベーキングパウダー、重曹、塩は小さじ1=4g

ミックス粉の作り方

すべての材料をジッパーつき保存袋に入れて、あとは混ぜるだけで、ミックス粉の完成！
冷蔵庫や冷凍庫で1カ月保存できます。

1

砂糖や塩はすりつぶす

グラニュー糖、きび砂糖と塩はかたまりになりやすいため、それぞれすりつぶす（またはふるう）。

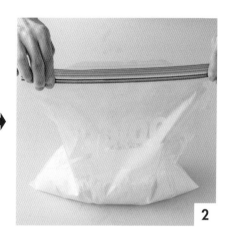

2

材料を入れて口を閉じる

Lサイズのジッパーつき保存袋を開き、1と残りの材料をすべて入れて、袋の中に空気が入った状態でジッパーをきちんと閉じる。

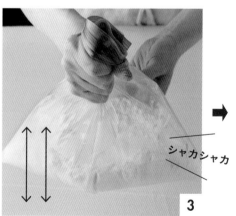

シャカシャカ

3

ふり混ぜる

ジッパーつき保存袋の上部を握って上下左右にふり混ぜる。こうすることで、まんべんなく粉が混ざる。

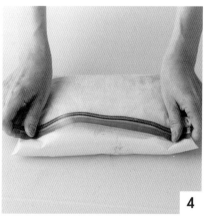

4

空気を抜いて保存する

ベーキングパウダーや重曹の効力を保つため、空気を抜いて冷蔵庫（または冷凍庫）で保存する。

計量カップを使ったミックス粉のはかり方

各レシピに添って必要な種類のミックス粉を必要な分量だけはかって使用します。
計量カップの形や大きさ別に、はかり方のコツをおさえましょう。

計量カップにスプーンなどでミックス粉を入れ、軽く叩いたり、低い位置から下に落として表面をならす。ふきんを敷いた上でやるのもおすすめ。

トントン

200㎖

500㎖

200㎖ の計量カップの場合

横から見て200㎖ のラインになったら1カップ（130g）。1/3カップの目盛りがついたものがあると便利。

500㎖ の計量カップの場合

上から見て、200㎖ のラインになったら1カップ（130g）。

TOOL for MIX POWDER
ミックス粉で作るお菓子の道具のこと

本書のなかでよく使う、お菓子作りには欠かせない道具をいくつか紹介します。
ミックス粉作りや材料を混ぜるときなど、揃えておくと大変便利です。

計量スプーン

少量の食材や粉類、砂糖類などを正確に
はかるときに。粉類、砂糖類はすり切っ
てからはかってください。

計量カップ

粉ものや液体をはかるのに大活躍。
500mℓの計量カップはハンドブレンダ
ーを使うお菓子作りにも。

ジッパーつき保存袋(Lサイズ)

ミックス粉の材料を入れてふり混ぜ、そ
のまま空気を抜いて口を閉じれば保存
できるので、とても便利です。

ボウル

直径15～21cmのステンレス製のもの
を使用しています。材料を混ぜ合わせ
るときによく使うアイテムです。

ゴムべら

生地をさっくり混ぜ合わせたり、バター
やクリームチーズを練るときに。シリ
コン製でしなりのよいものがおすすめ。

泡立て器

生地を混ぜたり、生クリームを軽く泡立
てたりするときに。ワイヤー部分がし
っかりしているものを選びましょう。

フードプロセッサー

スコーンやクッキー、パイなど、バター
を溶かさずに、手軽にすばやく作業でき
ます。

ハンドミキサー

ホイップクリームやメレンゲを作ると
きの必需品。低速から高速まで切り替
えることができるものが便利。

ハンドブレンダー

分離しやすい生地を混ぜるのに便利。
「つぶす」「刻む」「混ぜる」機能がある
ので、ソースやクリーム作りにも。

Part.1

ミックス粉で作る

はじめてでも
失敗なしの
簡単おやつ

Pancake
ふかふかパンケーキ

ケーキミックス粉でおやつを作るなら、やっぱり、パンケーキ！
卵、プレーンヨーグルト、牛乳を混ぜ合わせ、溶かしバターを加えて
フライパンで焼くだけで、ふかふか食感のパンケーキに。
バターの風味が口の中いっぱいに広がって、
夢のような幸せ気分を味わえます。
お好みでバターやメープルシロップ、はちみつをかけて召し上がれ。

ふかふかパンケーキ

材料（直径13cm　3枚分）

A　｜ケーキミックス粉 … 1カップ (130g)
　　｜塩 … ひとつまみ
B　｜卵 … 1個
　　｜プレーンヨーグルト … 大さじ1 (15g)
牛乳 … 80mℓ (80g)
バター … 15g

下準備

・卵は室温にもどす。

作り方

1　**A**をボウルにふるい入れ、粉の中心にくぼみを
　作り、そこに**B**を加えて**B**の部分を泡立て器で
　混ぜる。牛乳を加えてさらに混ぜる。

2　まわりの粉を少しずつ崩しながら、粉っぽさが
　なくなるまで泡立て器でぐるぐる混ぜる。

3　フッ素樹脂加工のフライパンにバターを入れて
　中火で熱し、完全に溶けたら**2**に加えて混ぜる。

4　表面がまだらになるのを防ぐため、フライパン
　に残ったバターをペーパータオルでふき取り、
　底をぬれ布巾の上にさっとのせる。

5　フライパンを弱火にかけ、**3**の1/3量をお玉で流
　し入れ、2〜3分焼く。

6　裏返し、中心が少し盛り上がってくるまで1〜2
　分焼く。残りの生地も同様に焼く。

7　お好みでバター適量（分量外）をのせ、メープル
　シロップまたは、はちみつ各適量（分量外）をか
　ける。

ぬれ布巾の上にのせるのは、
温度を均一にするため。

表面の気泡が2〜3個はじけ、
まわりが乾いてくるまでが目安。

C

CAKE MIX

もちもちパンケーキ

ヨーグルトをたっぷり加えたもちもちとした食感のパンケーキ。
塩けのあるベーコンとメープルシロップを組み合わせたり、
お好みのコンフィチュールを添えるなど、トッピングを楽しんでみてください。

材料（直径11cm　4枚分）

A ┃ ケーキミックス粉 … 1カップ（130g）
　　┃ 塩 … ひとつまみ

バター… 20g

B ┃ 卵 … 1個
　　┃ プレーンヨーグルト … 80ml（80g）
　　┃ 牛乳 … 50ml（50g）

下準備

・ バターは1.5cm角に切り、
　冷凍庫で5分ほど冷やす。

・ 卵は冷蔵庫で冷やしておく。

作り方

1 フードプロセッサーに**A**を入れてさっと撹拌し、バターを加えてさらさらになるまで撹拌する（**a**）。

2 ボウルに**B**を入れて泡立て器で混ぜる。**1**を加え、泡立て器で粉っぽさがなくなるまでぐるぐる混ぜる。

3 フッ素樹脂加工のフライパンにバター少々（分量外）を入れて中火で熱し、溶けたらペーパータオルでふき取り、底をぬれ布巾の上にさっとのせて温度を均一にする。

4 フライパンを弱火にかけ、**2**の1/4量をお玉で流し入れ、蓋をして2〜3分焼く。

> 表面の気泡が2〜3個はじけ、まわりが乾いてくるまでが目安。

5 裏返し、中心が少し盛り上がってくるまで1〜2分焼く。残りの生地も同様に焼く。

6 お好みでフライパンで焼いたベーコン、メープルシロップ、コンフィチュール（P88）各適量（分量外）などを添える。

MEMO：フードプロセッサーを使わない場合

Aをボウルにふるい入れ、バターを加え、カードで刻みながら粉と混ぜ合わせる。バターの粒が小さくなってきたら、手でこすり合わせるようにしてさらさらにする。あとは作り方**2**〜**5**と同様に作る。

a

C
CAKE MIX

ふんわりパンケーキ

まるでスフレのような食感のパンケーキも、ケーキミックス粉があれば簡単！
メレンゲは角が立つまで泡立てたものを、さっくりと混ぜるのがコツ。
焼き立てのパンケーキに、シンプルに粉糖をかけていただきましょう。

材料（直径10〜11cm　4枚分）
ケーキミックス粉 … 1/3カップ（45g）
A ┃ 卵黄 … 1個分
　　┃ 植物油 … 小さじ2 1/2（10g）
牛乳 … 大さじ3（45g）
卵白 … 1個分
グラニュー糖 … 大さじ1（10g）

下準備
・ 卵白は冷蔵庫で冷やしておく。

作り方

1　ボウルに**A**を入れて泡立て器でよく混ぜ、牛乳を加えて混ぜる。

2　別のボウルに卵白とグラニュー糖を入れ、ハンドミキサーの高速で角が立つまで泡立て、メレンゲを作る。

3　**1**にミックス粉をふるい入れて泡立て器で混ぜ、**2**の半量を加えて混ぜる。残りの**2**を加え、ゴムべらに替えて混ぜる（**a**）。

4　フッ素樹脂加工のフライパンを中火で熱し、植物油少々（分量外）をひいてペーパータオルでふき取り、底をぬれ布巾の上にさっとのせて温度を均一にする。

5　フライパンを弱火にかけ、**3**の1/4量をお玉で流し入れ、蓋をして3分ほど焼く。

表面が膨らんで、
乾いてくるまでが目安です。

6　裏返して蓋をし、中心が少し盛り上がってまわりが乾いてくるまで2分ほど焼く。残りの生地も同様に焼く。

7　お好みで粉糖適量（分量外）をふる。

a

C
CAKE MIX

黒糖コーヒーパンケーキ

黒糖の甘味とコーヒーの苦味がよく合うパンケーキです。
生地にふりかけた黒糖が溶けてキャラメル状になり、コーヒーの風味を引き立てます。
そのままでもおいしいですが、ホイップクリームを添えるのもおすすめです。

材料（直径11〜12cm　4枚分）
A | ケーキミックス粉 … 1カップ（130g）
　　| 塩 … ひとつまみ
B | 卵 … 1個
　　| プレーンヨーグルト … 大さじ1（15g）
牛乳 … 80mℓ（80g）
バター… 15g
インスタントコーヒー（粉）… 小さじ2（2g）
黒糖 … 小さじ4（12g）

下準備
・卵は室温にもどす。

作り方

1 Aをボウルにふるい入れ、中心にくぼみを作り、そこにBを加えてBの部分を泡立て器で混ぜる。牛乳を加えてさらに混ぜる。

2 まわりの粉を少しずつ崩しながら、泡立て器で粉っぽさがなくなるまでぐるぐる混ぜる。

3 フッ素樹脂加工のフライパンにバターを入れて中火で熱し、溶けたら2に加えて混ぜる。インスタントコーヒーを加え、混ぜずにそのままおく。

> 5で生地をフライパンに流し入れるときにコーヒーが軽く混ざってマーブル状になります。

4 フライパンに残ったバターをペーパータオルでふき取り、底をぬれ布巾の上にさっとのせて温度を均一にする。

5 フライパンを弱火にかけ、3の1/4量をお玉ですくい取って流し入れる。1枚につき、黒糖小さじ1をふりかけ、2〜3分焼く。

> 表面の気泡が2〜3個はじけ、まわりが乾いてくるまでが目安。

6 裏返し、中心が少し盛り上がってくるまで1〜2分焼く。残りの生地も同様に焼く。

Crepe
クレープの
レモンソースがけ

ミックス粉に、薄力粉をプラスすればクレープ生地も作れます。
焼き方をマスターして、しっとりとしたクレープを焼いてみましょう。
器に盛りつけたら、甘酸っぱいレモンバターソースを温かいうちに
たっぷりかけていただきましょう。
クレープ生地にソースがジュワッとしみ込んで、
たまらないおいしさです。

クレープのレモンソースがけ

材料 (直径22cm　8枚分)

[クレープ生地]

A ｜ ケーキミックス粉 … ½カップ(65g)
｜ 薄力粉 … ½カップ弱(50g)
｜ グラニュー糖 … 大さじ1(10g)
｜ 塩 … ひとつまみ

卵 … 2個
バター… 15g
牛乳 … 250mℓ (250g)

[レモンソース]

バター… 10g
はちみつ … 大さじ1(20g)
レモン汁 … 大さじ1(15g)

[トッピング]

レモンの皮 (ピーラーでむく) … 適量

下準備

・卵は室温にもどす。

作り方

1 Aをボウルにふるい入れ、中央に穴をあけて溶きほぐした卵を加える。内側から外側へ、泡立て器で粉を少しずつ崩すようにして混ぜる。

2 バターを電子レンジで30秒ほど加熱し、溶けたら1に加えて混ぜる。牛乳を少しずつ加え、だまがなくなり、なめらかになるまでよく混ぜる。

3 裏ごししてラップをかぶせ、冷蔵庫で30分以上ねかせる。

4 フライパン(できれば鉄製)を強火で熱し、底をぬれ布巾の上にさっとのせて温度を均一にする。

5 フライパンを中火にかけ、バター少々(分量外)を回し入れてペーパータオルでふき取る。生地をレードルに1杯弱流し入れて回し広げ、強めの中火でさっと焼く。

6 パレットナイフ等で裏返し、裏もさっと焼く。網に移して冷ます。残りの生地も同様に焼く。

7 レモンソースを作る。小鍋にバターを溶かし、火からおろして、残りの材料を加えて混ぜる。畳んで器にのせたクレープにかけ、レモンの皮を散らす。

ゆっくりぐるぐる
混ぜる感じでOKです。

1

4

2

焼く直前に生地をよく混ぜましょう。
生地を流したと同時に
フライパンを動かすのがコツ。

5

裏ごしすることで、
だまなどを取り除けます。

3

6

C
CAKE MIX

クレープアレンジ4種

バナナアイスクレープ

クレープ生地がおいしく焼けたら、お好みのトッピングをのせて楽しみましょう。
チョコバナナとアイスクリームの組み合わせは、定番ながら、極上のおいしさに。
クレープ生地は四角く畳めば、見た目もグッとおしゃれな印象になります。

材料(3個分)
クレープ生地(P24) … 3枚
バナナ … 1本
バニラアイスクリーム … 適量
チョコレートソース(P64) … 適量

作り方

1 バナナは皮をむき、斜め8mm厚さに切る。

2 クレープを四角く畳んで器にのせ、バナナとアイスクリームをのせる。

3 チョコレートソースをかける。

レモンクリーム
×ホワイトチョコレート

クレープ生地(P24)は、四角く畳んで器にのせ、レモンクリーム(P100)、刻んだホワイトチョコレート、薄切りにしたレモン各適量をトッピングする。

チョコレートナッツクリーム
×オレンジ

クレープ生地(P24)は、四角く畳んで器にのせ、市販のチョコレートナッツクリーム、房取りしたオレンジ各適量をトッピングする。

プレーンヨーグルト
×はちみつ×ベリー

クレープ生地(P24)は、四角く畳んで器にのせ、半量になるまで水きりしたプレーンヨーグルト、はちみつ、いちご、ブルーベリー、粉糖各適量をトッピングする。

Scone
バタースコーン

ミックス粉があれば、まわりはサクッと、
中はふんわりとしたバターの風味がたまらないスコーンも簡単に焼き上がります。
焼き立てはサクサク＆ふんわり、冷めてもしっとりとコクのあるおいしさです。
朝食やランチ、おやつなど、いろいろなシーンで楽しめます。
サワーホイップクリーム（P64）やコンフィチュール（P88）などを添えてどうぞ。

S
SCONE MIX

バタースコーン

材料（6個分）
スコーンミックス粉 … 1カップ (130g)
バター… 50g
A 牛乳 … 大さじ2 (30g)
プレーンヨーグルト … 大さじ2 (30g)

下準備
・ バターは1.5cm角に切り、
  冷凍庫で5分ほど冷やす。
・ 天板にオーブンシートを敷く。
・ オーブンを190℃に予熱する。

作り方

1 フードプロセッサーにミックス粉を入れてさっ
と撹拌し、バターを加えて撹拌する。

2 よく混ぜた**A**を加えてスイッチを断続的に押し
ながら、数秒撹拌する。

3 生地を打ち粉適量（分量外）をふった台に取り出
し、カードで切っては重ねる作業を4回繰り返
す。

4 直径11〜12cmの円形に整え、ナイフで6等分
の放射状に切り分ける。

5 天板に間隔をあけて並べる。

6 190℃に予熱したオーブンで15分ほど焼く。

7 お好みでサワーホイップクリーム (P64) 適量
（分量外）を添える。

MEMO ： フードプロセッサーを使わない場合

1 ミックス粉をボウルにふるい入れ、バターを加え、カード
で刻みながら粉と混ぜ合わせる。バターが小さくなって
きたら、手でこすり合わせるようにしてさらさらにする。

2 中心にくぼみを作り、そこに混ぜ合わせた**A**を加え、カー
ドでまわりの粉をかぶせるようにして混ぜたあと、
カードで切り混ぜ、もろもろとした状態にする。あと
は作り方**3〜6**と同様に作る。

バターの粒が小豆粒大に
なるまでが目安です。

1

もろもろとした状態に
なるまで攪拌します。

2

3

4

5

6

バタースコーン生地アレンジ

チョコチャンクスコーン

バタースコーンの生地に刻んだ板チョコを加えました。
ブラックチョコレートのほろ苦さと、ほんのり感じる甘味が絶妙です。
ミルクチョコを使ってみるのもおすすめです。

材料（6個分）
スコーンミックス粉 … 1カップ（130g）
バター… 50g
A ┃ 牛乳 … 大さじ2（30g）
　　┃ プレーンヨーグルト … 大さじ2（30g）
板チョコレート（ブラック）… 2/3枚（30g）

下準備
・ 板チョコレートは7mm角に切る。
・ バターは1.5cm角に切り、
　冷凍庫で5分ほど冷やす。
・ 天板にオーブンシートを敷く。
・ オーブンを190℃に予熱する。

作り方

1 フードプロセッサーにミックス粉を入れてさっと撹拌し、バターを加え、バターの粒が小豆粒大になるまで撹拌する。

2 よく混ぜた**A**を加えてスイッチを断続的に押しながら、もろもろとした状態になるまで数秒撹拌する。チョコレートを加えてさっと撹拌する。

> チョコレートが
> 細かくなりすぎないよう、
> チョコレートを加えたら
> さっと撹拌します。

3 生地を打ち粉適量（分量外）をふった台に取り出し、カードで切っては重ねる作業を4回繰り返す。

4 直径11〜12cmの円形に整え、ナイフで6等分の放射状に切り分ける。

5 天板に間隔をあけて並べ、190℃に予熱したオーブンで15分ほど焼く。

バタースコーン生地アレンジ

オニオンスコーン

玉ねぎと黒こしょうが入った食事系スコーン。
切った玉ねぎに強力粉をまぶしておくと、水分が出るのを防いでくれます。
トースターで温めると、玉ねぎと黒こしょうの香りが引き立ちます。

材料（6個分）

スコーンミックス粉 … 1カップ (130g)
黒こしょう … 小さじ1
バター … 50g
A｜牛乳 … 大さじ1⅔ (25g)
｜プレーンヨーグルト … 大さじ2 (30g)
玉ねぎ … ¼個
強力粉（なければ薄力粉）… 大さじ1

下準備

・ 玉ねぎは薄切りにし、ペーパータオルで
水けをふき取り、強力粉をまぶしておく。
・ バターは1.5cm角に切り、
冷凍庫で5分ほど冷やす。
・ 天板にオーブンシートを敷く。
・ オーブンを190℃に予熱する。

余分な水分が残っていると、
生地がべたつくので、
ペーパータオルでしっかり
ふき取るのがポイント。

作り方

1 フードプロセッサーにミックス粉と黒こしょう
を入れてさっと撹拌し、バターを加え、バター
の粒が小豆粒大になるまで撹拌する。

2 よく混ぜたAを加えてスイッチを断続的に押し
ながら、もろもろとした状態になるまで数秒撹
拌する。玉ねぎを加えてさっと撹拌する。

3 生地を打ち粉適量（分量外）をふった台に取り出
し、カードで切っては重ねる作業を4回繰り返
す。

4 13×10cmの長方形に整え、ナイフで6等分の
四角に切り分ける。

5 天板に間隔をあけて並べ、190℃に予熱したオ
ーブンで16分ほど焼く。

6 お好みでサワーホイップクリーム（P64）適量
（分量外）を添える。

リッチスコーン

牛乳の代わりに生クリームを加えたちょっと贅沢なスコーンです。
サワーホイップクリームとベリー系のジャムのトッピングは定番のおいしさ。
メープルシロップやはちみつもよく合います。

材料（直径5.5cmの丸型 5個分）
スコーンミックス粉 … 1カップ（130g）
バター… 50g
A ｜ 生クリーム … 大さじ2⅔（40g）
　　｜ プレーンヨーグルト … 大さじ2⅓（35g）

下準備

・ バターは1.5cm角に切り、
　 冷凍庫で5分ほど冷やす。
・ 天板にオーブンシートを敷く。
・ オーブンを190℃に予熱する。

作り方

1 フードプロセッサーにミックス粉を入れてさっと撹拌し、バターを加え、バターの粒が小豆粒大になるまで撹拌する。

2 よく混ぜた**A**を加えてスイッチを断続的に押しながら、もろもろとした状態になるまで数秒撹拌する。

3 生地を打ち粉適量（分量外）をふった台に取り出し、カードで切っては重ねる作業を5回繰り返す。

4 生地を1.5cm厚さにのばし、丸型で抜く。残った生地は再びまとめて1.5cm厚さにのばし、同様に型で抜く。

型抜きして最終的に残った
生地は軽くまとめ、
天板に並べて一緒に焼きます。

5 天板に間隔をあけて並べ、表面に牛乳適量（分量外）を刷毛で塗る。190℃に予熱したオーブンで15分ほど焼く。

6 お好みでサワーホイップクリーム（P64）、ジャム各適量（分量外）を添える。

バタースコーン生地アレンジ

おつまみスコーン
（くるみ・チーズ・ごま）

おつまみにぴったりの一口サイズの食事系スコーン。
サクサクッと軽い食感なので、くるみ、チーズ、ごまをそれぞれ生地に混ぜ合わせ、
ワインと一緒においしいひとときを。

材料（20個分）

[くるみ]

A スコーンミックス粉 … 1カップ（130g）
薄力粉 … 大さじ5（40g）
きび砂糖 … 大さじ1（10g）
塩 … ひとつまみ
黒こしょう … 適量

バター … 60g
卵 … 1個
くるみ（ロースト）… 大さじ3（40g）

下準備

・くるみは粗く刻む。
・卵は冷蔵庫で冷やしておく。
・バターは1.5cm角に切り、
　冷凍庫で5分ほど冷やす。
・天板にオーブンシートを敷く。
・オーブンを180℃に予熱する。

作り方

1 フードプロセッサーに **A** を入れてさっと撹拌し、バターを加えてさらさらになるまで撹拌する。

2 溶きほぐした卵を加え、スイッチを断続的に押しながら、もろもろとした状態になるまで数秒撹拌する。

3 くるみを加えてさっと撹拌し、打ち粉適量（分量外）をふった台に取り出し、カードで切っては重ねる作業を3〜4回繰り返す。

4 20等分にして手で丸める（**a**）。天板に間隔をあけて並べ、直径3.5cmくらいの円形になるよう軽く押さえる。

5 180℃に予熱したオーブンで15分ほど焼く。

[チーズの場合]
作り方**2**のあと、生地を打ち粉適量（分量外）をふった台に取り出し、カードで切っては重ねる作業を3〜4回繰り返す。20等分にしてクリームチーズを小さじ1/2ずつ加えて手で丸める。

[ごまの場合]
作り方**3**でくるみの代わりに黒いりごま大さじ2を加える。

a

オイルスコーン

バターを使わずに、植物油で作った軽やかなスコーンです。
シンプルな味わいなので、さまざまな料理に合うのがうれしいところ。
太白ごま油、なたね油、米油など、クセのない油がおすすめです。

材料（6個分）
スコーンミックス粉 … 1カップ（130g）
A 植物油 … 大さじ3（40g）
　　プレーンヨーグルト … 大さじ2（30g）
　　牛乳 … 小さじ4（20g）

下準備
・天板にオーブンシートを敷く。
・オーブンを190℃に予熱する。

作り方

1 ミックス粉をボウルにふるい入れ、カードで中心にくぼみを作り、そこに**A**を加え（**a**）、**A**の部分を泡立て器でとろりとするまで混ぜる。

2 カードでまわりの粉を**A**にかぶせるようにして混ぜる（**b**）。粉が半分くらい混ざったら、切るようにして混ぜる（**c**）。

3 粉けがほとんどなくなり、全体がしっとりとしてきたら、カードで生地をボウルの側面に2～3回すりつけ（**d**）、なめらかにする。

4 生地を打ち粉適量（分量外）をふった台に取り出し、カードで半分に切って重ね、軽く手で押さえる作業を2～3回繰り返す。

5 直径11cmくらいの円形に整え、ナイフで6等分の放射状に切り分ける。

6 天板に間隔をあけて並べ、190℃に予熱したオーブンで15分ほど焼く。

オイルスコーン生地アレンジ

抹茶小豆スコーン

抹茶のオイルスコーン生地で粒あんを包んだ和風の丸型スコーン。
抹茶のほろ苦さ、あんこの甘さ、くるみの香ばしさのマリアージュ。
くるみは生地にトッピングして焼くので、ローストしなくても大丈夫です。

材料 (10個分)

A | スコーンミックス粉 … 1カップ (130g)
  | 抹茶 … 小さじ2 (4g)
  | きび砂糖 … 大さじ1/2 (5g)
B | 植物油 … 大さじ3 (40g)
  | プレーンヨーグルト … 大さじ2 1/3 (35g)
  | 牛乳 … 小さじ4 (20g)
粒あん … 大さじ5 (100g)
くるみ … 5〜6個

下準備

・ 天板にオーブンシートを敷く。
・ オーブンを180℃に予熱する。

作り方

1 Aをボウルにふるい入れ、カードで中心にくぼみを作り、そこにBを加えてBの部分を泡立て器でとろりとするまで混ぜる。

2 カードでまわりの粉をBにかぶせるようにして混ぜる。粉が半分くらい混ざったら、切るようにして混ぜる。

3 粉けがほとんどなくなり、全体がしっとりとしてきたら、カードで生地をボウルの側面に2〜3回すりつけ、なめらかにする。

4 生地を打ち粉適量 (分量外) をふった台に取り出し、カードで半分に切って重ね、軽く手で押さえる作業を2〜3回繰り返す。

5 生地を10等分 (1個約23g) にし、粒あんを等分にくるんで (a)、手で丸める (b)。

6 天板に間隔をあけて並べ、くるみを手で割って軽く押し込み、180℃に予熱したオーブンで16分ほど焼く。

7 お好みで抹茶適量 (分量外) をふる。

オイルスコーン生地アレンジ

デーツスコーン

ナツメヤシの果実「デーツ」を加えた
濃厚な甘味と食感がおいしいミニスコーン。
アーモンドの香ばしさとシナモンのスパイシーな風味も好相性です。

材料(10個分)

A │ スコーンミックス粉 … 1カップ(130g)
  │ アーモンドパウダー… 大さじ5(35g)
  │ きび砂糖 … 大さじ1(10g)
  │ シナモンパウダー… 小さじ½
B │ 植物油 … 大さじ1(13g)
  │ 牛乳 … 65mℓ(65g)
デーツ(種抜き)… 8粒(50g)

下準備

・ デーツは1cm角に切る。
・ 天板にオーブンシートを敷く。
・ オーブンを180℃に予熱する。

作り方

1 Aをボウルにふるい入れ、カードで中心にくぼ
  みを作り、そこにBを加えてBの部分を泡立て
  器でとろりとするまで混ぜる。

2 カードでまわりの粉をBにかぶせるようにして
  混ぜる。粉が半分くらい混ざったら、デーツを
  加え、切るようにして混ぜる。

3 粉けがほとんどなくなり、全体がしっとりとし
  てきたら、カードで生地をボウルの側面に2〜3
  回すりつけ、なめらかにする。

4 生地を10等分(1個約30g)にして手で丸め、天
  板に間隔をあけて並べる。180℃に予熱したオー
  ブンで16分ほど焼く。

Muffin
ブルーベリーマフィン

ブルーベリーがゴロゴロ入った果実味たっぷりの
甘酸っぱいジューシーマフィン。
ふわふわ、しっとりとしたコクのあるマフィンも、ミックス粉で簡単。
すりおろしたレモンの皮が入っているので、後味はとってもさわやかです。
ブルーベリーは全部を混ぜ込まず、トッピング用に分けて、
最後にのせて焼き上げるのがポイントです。

ブルーベリーマフィン

材料（直径7cmのマフィン型　6個分）
ケーキミックス粉 … 1カップ（130g）
卵 … 1個
グラニュー糖 … 大さじ4（40g）
植物油 … 70mℓ（60g）
プレーンヨーグルト … 40mℓ（40g）
牛乳 … 50mℓ（50g）
レモンの皮（すりおろし）… 1/2個分
ブルーベリー（生または冷凍）… 2/3カップ（80g）

下準備
・ 卵は室温にもどす。
・ 型にマフィン用の紙を敷く。
・ オーブンを190℃に予熱する。

作り方

1 ボウルに卵を入れて泡立て器で溶きほぐし、グ
　 ラニュー糖を加えて1分ほどよく混ぜる。

2 植物油を3〜4回に分けて加え、その都度よく混
　 ぜる。

3 ヨーグルト、牛乳、レモンの皮を順に加えてな
　 じむまで混ぜる。

4 ミックス粉をふるい入れ、粉っぽさが少し残る
　 くらいまで混ぜる。

5 ブルーベリーをトッピング用に18〜24個残し
　 て加え、ゴムべらに替えてさっと混ぜる。

6 生地を等分に型に流し入れ、取り分けておいた
　 ブルーベリーを等分にのせる。190℃に予熱し
　 たオーブンで20分ほど焼く。

冷凍のブルーベリーを使う場合は、
凍ったまま加えます。

チョコバナナココナッツマフィン

チョコレートとバナナの定番の組み合わせに、
ココナッツミルクを混ぜ込んだコクのあるおやつマフィン。
香ばしく焼けたココナッツロングが食感のアクセントに。

材料（直径7cmのマフィン型 6個分）
スコーンミックス粉 … 1カップ（130g）
A ┃ きび砂糖 … 大さじ5（50g）
　　┃ ココアパウダー … 大さじ1½（10g）
卵 … 1個
B ┃ 植物油 … 大さじ3（40g）
　　┃ ココナッツミルク … 大さじ2⅔（40g）
　　┃ バナナ … 2本（皮をむいた正味160g）
チョコチップ … 大さじ4（40g）
ココナッツロング … 大さじ4（20g）

下準備
・ 卵は室温にもどす。
・ バナナはフォークでつぶす。
・ 型にマフィン用の紙を敷く。
・ オーブンを180℃に予熱する。

作り方

1 ボウルに **A** を入れて泡立て器で混ぜる。

2 卵を加えてなじむまで混ぜ、**B** を順に加えて混ぜる。

3 ミックス粉をふるい入れ、ゴムべらに替えて混ぜ、粉っぽさが少し残っているところでチョコチップを加えて混ぜる。

4 生地を等分に型に流し入れ、ココナッツロングをふりかける。180℃に予熱したオーブンで20分ほど焼く。

オレンジマフィン

オレンジがさわやかに香るみずみずしいマフィン。
すりおろした皮は生地に混ぜ、輪切りは表面にのせて焼き上げました。
生地の割合が少ないため、オレンジとの一体感が楽しめます。

材料（直径7cmのマフィン型　6個分）
スコーンミックス粉 … ½カップ（65g）
卵 … 1個
グラニュー糖 … 大さじ5（50g）
生クリーム … 大さじ2（30g）
バター… 20g
オレンジの皮（すりおろし）… ½個分
オレンジ … 小1個

下準備
・ 卵は室温にもどす。
・ オレンジは皮をむき、7mm厚さの輪切りを
　6枚分用意し、水けをよくふき取る。
・ 型にマフィン用の紙を敷く。
・ オーブンを190℃に予熱する。

作り方

1　生クリームとバターを耐熱容器に入れ、電子レンジで40秒ほど加熱して溶かす。

2　ボウルに卵を入れて泡立て器で溶きほぐし、グラニュー糖を加えて1分ほどよく混ぜる。

3　1、オレンジの皮を順に加えて混ぜる。

4　ミックス粉をふるい入れ、泡立て器でぐるぐるとなじむまで混ぜる。

5　生地を等分に型に流し入れ、オレンジを1枚ずつのせ、190℃に予熱したオーブンで17分ほど焼く。

クリームチーズと
サーモンのマフィン

クリームチーズとスモークサーモンを組み合わせた食事系マフィン。
生地と具を交互に入れるので、中にもしっかり具が詰まっています。
さっくりとした食感とサーモンの風味がたまらない一品です。

材料 (直径7cmのマフィン型 6個分)

スコーンミックス粉 … 1½カップ (200g)

A | 卵 … 2個
　　　塩 … 小さじ¼
　　　植物油 … 80mℓ (70g)

B | プレーンヨーグルト … 40mℓ (40g)
　　　牛乳 … 40mℓ (40g)

スモークサーモン … 5〜6枚 (70g)

クリームチーズ … 大さじ6 (80g)

パセリ(みじん切り) … 適量

下準備

・ 卵は室温にもどす。
・ スモークサーモンは長さを2〜3等分に切る。
・ 型にマフィン用の紙を敷く。
・ オーブンを190℃に予熱する。

作り方

1 ボウルに **A** を入れて泡立て器でよく混ぜ、**B** を順に加えて混ぜる。

2 ミックス粉をふるい入れ、ゴムべらに替えて底からすくい上げるように、練らずにさっくりと混ぜる。

3 生地の半量を等分に型に流し入れ、サーモンとチーズの半量を等分に入れる。

4 残りの生地を同様に流し入れ、残りのサーモンとチーズを等分にのせ、190℃に予熱したオーブンで20分ほど焼く。

5 焼き上がったら、パセリをのせる。

トッピングのクリームチーズは、縁側にのせると膨らんだときに流れ落ちやすいので、中心寄りにのせます。

パイナップルと
ソーセージのカレーマフィン

ちょっぴり南国を感じさせるような食事系マフィン。
パイナップルの甘酸っぱさ、ソーセージの旨味、
カレー粉のほどよいスパイシーさを組み合わせた絶妙なおいしさです。

材料（直径7cmのマフィン型　6個分）
スコーンミックス粉 … 1½カップ(200g)
A｜卵 … 2個
　　｜塩 … 小さじ¼
　　｜植物油 … 80㎖ (70g)
B｜カレー粉 … 小さじ1
　　｜プレーンヨーグルト … 40㎖ (40g)
　　｜牛乳 … 40㎖ (40g)
カットパイン … 5切れ(150g)
ソーセージ … 5本

下準備
・卵は室温にもどす。
・カットパインは1cm角に切り、
　ペーパータオルで水けをふき取る。
・ソーセージは6等分に切る。
・型にマフィン用の紙を敷く。
・オーブンを190℃に予熱する。

作り方

1　ボウルに **A** を入れて泡立て器でよく混ぜ、**B** を順に加えて混ぜる。

2　ミックス粉をふるい入れ、ゴムべらに替えて底からすくい上げるように、練らずにさっくりと混ぜる。

3　粉っぽさが少し残っているところで、ソーセージとパインを¾量ずつ加えて混ぜる。

4　生地を等分に型に流し入れ、残りのソーセージとパインを等分にのせ、190℃に予熱したオーブンで20分ほど焼く。

Quick Bread
レーズンとくるみの
クイックブレッド

ミックス粉とパウンドケーキ型があれば、クイックブレッドも簡単！
面倒な発酵もなしなので、思い立ったらすぐに作れるのがうれしい。
やさしいレーズンの甘味と香ばしいくるみのカリカリ食感が好相性。
レーズンは戻してから使うと、口当たりがよくなり、生地に甘味が移りやすくなります。
朝食やおやつにもぴったり。食べやすい厚さに切って軽くトーストすると、
ふんわりサクッとしたおいしさを味わえます。

レーズンとくるみの
クイックブレッド

材料 (18×8×高さ6cmのパウンド型 1台分)
スコーンミックス粉 … 1⅓カップ (170g)

A 卵 … 1個
塩 … 小さじ⅕
植物油 …… 大さじ2⅓ (30g)

B プレーンヨーグルト … 50㎖ (50g)
牛乳 … 60㎖ (60g)
レーズン … 大さじ4 (50g)

くるみ (ロースト) … 大さじ2+大さじ1 (40g)

下準備
- 卵は室温にもどす。
- レーズンは熱湯をかけて水けをふき取る。
- くるみは粗く刻む。
- 型にオーブンシートを敷く。
- オーブンを190℃に予熱する。

作り方

1 ボウルに **A** を入れて泡立て器でよく混ぜる。

2 **B** を順に加えて泡立て器でよく混ぜる。

3 ミックス粉をふるい入れ、ゴムべらに替えて底からすくい上げるように、練らずにさっくりとボウルをまわしながら混ぜる。

4 粉っぽさが少し残っているところでくるみ大さじ2を加えて粉が見えなくなるまで混ぜる。

5 型に生地を流し入れ、スプーンで真ん中をくぼませる。

6 残りのくるみをトッピングし、190℃に予熱したオーブンで30分ほど焼く。

生地をえぐる感じで真ん中を
くぼませておくと、焼き上がりが
ちょうどよい山型に。

レーズンを加えて混ぜることで、
生地の水分を含ませます。

ポテトのクイックブレッド

薄切りにしたじゃがいもは、生地の中と表面に使いました。
ホクホクとしたじゃがいものおいしさが存分に味わえ、食事にぴったり。
ハムやソーセージ、汁けをきったツナ缶などを加えるとアクセントに。

材料（18×8×高さ6cmのパウンド型 1台分）
スコーンミックス粉 … 1⅓カップ（170g）
A ｜ 卵 … 1個
 ｜ 塩 … 小さじ¼
 ｜ 植物油 …… 大さじ2⅓（30g）
B ｜ プレーンヨーグルト … 50㎖（50g）
 ｜ 牛乳 … 60㎖（60g）
 ｜ 粒マスタード … 大さじ1（15g）
こしょう … 適量
じゃがいも … 1個（150〜180g）
植物油 … 小さじ1（4g）

下準備
・ 卵は室温にもどす。
・ じゃがいもは皮をむき、薄切りにする。
・ 型にオーブンシートを敷く。
・ オーブンを190℃に予熱する。

作り方

1 ボウルに**A**を入れて泡立て器でよく混ぜ、**B**を順に加えて混ぜる。

2 ミックス粉をふるい入れ、こしょうを加え、ゴムべらに替えて底からすくい上げるように、練らずにさっくりと混ぜる。

3 粉っぽさが少し残っているところでじゃがいもの¾量を加えて混ぜる。

4 型に生地を流し入れ、残りのじゃがいもに植物油をまぶして並べ、190℃に予熱したオーブンで30分ほど焼く。

5 切り分けて器に盛り、お好みでローズマリー1枝（分量外）とサワーホイップクリーム（P64）適量（分量外）を添える。

焼き立てよりも、
冷めてからのほうが
味がはっきりしておいしい。

トマトとオリーブの
クイックブレッド

ミニトマトとオリーブを使ったイタリア風のクイックブレッド。
ミニトマトの種と汁は生地に混ぜ込み、風味を移すのがおいしさのポイント。
バジルソースがよく合うので、ぜひ添えてみてください。

材料（18×8×高さ6cmのパウンド型 1台分）
スコーンミックス粉 … 1⅓カップ（170g）
A 卵 … 1個
　　塩 … 小さじ¼
　　オリーブ油 …… 大さじ2（25g）
B プレーンヨーグルト … 50mℓ（50g）
　　牛乳 … 大さじ3（45g）
ミニトマト … 8〜10個
黒オリーブ … 20粒（50g）
こしょう … 適量

下準備
・卵は室温にもどす。
・ミニトマトは半分に切って種と汁を取り出し、
　ペーパータオルで水けをふき取る。
　種と汁はとっておく。
・オリーブは4等分に切り、汁けをふき取る。
・型にオーブンシートを敷く。
・オーブンを190℃に予熱する。

作り方

1 ボウルに**A**を入れて泡立て器でよく混ぜ、ミニトマトの種と汁、**B**を順に加えて混ぜる。

2 ミックス粉をふるい入れ、こしょうを加え、ゴムべらに替えて底からすくい上げるように、練らずにさっくりと混ぜる。

3 粉っぽさが残っているところでオリーブの¾量を加えて混ぜる。

4 型に生地の半量を流し入れて平らにならし、ミニトマトの⅔量を均等に並べ、残りの生地を流して平らにならす。

5 残りのミニトマトとオリーブを散らし、190℃に予熱したオーブンで30分ほど焼く。

6 切り分けて器に盛り、お好みでバジルソース（P64）適量（分量外）を添える。

一緒に食べたいディップ

パンケーキやクレープ、スコーン、
クイックブレッドなどにおすすめのディップをご紹介。

サワーホイップクリーム

スコーンやブレッドに添えるとおいしさアップ

[保存の目安：冷蔵庫で2日間]

材料（約200g分）
サワークリーム … 90㎖（90g）
生クリーム … 100㎖（100g）
グラニュー糖 … 小さじ1（4g）
塩 … ひとつまみ

作り方

1 ボウルにすべての材料を入れ、泡立て器で角が立つまで泡立てる。

バジルソース

ブレンダーで一気に撹拌するだけで簡単！

[保存の目安：冷蔵庫で3日間]

材料（作りやすい分量）
バジルの葉 … 30枚（15g）
オリーブ油 … 大さじ4（50g）
塩 … 小さじ⅓
黒こしょう … 適量

作り方

1 ボウルにすべての材料を入れ、ハンドブレンダーでなめらかになるまで撹拌する。

チョコレートソース

電子レンジで作れる、定番のデザートソース

[保存の目安：冷蔵庫で3日間]

材料（約100g分）
スイートチョコレート
　（または板チョコ・ブラック）… 1枚（50g）
生クリーム … 大さじ3（45g）
牛乳 … 小さじ2（10g）

作り方

1 チョコレートは刻んで耐熱容器に入れ、電子レンジで1分ほど加熱して溶かす。

2 別の耐熱容器に生クリームと牛乳を入れ、電子レンジで40秒ほど加熱し、1に少しずつ加えて混ぜる。

Part.2

ミックス粉で作る

手軽にできる

とっておき

の ケ ー キ

Pound Cake
バニラパウンドケーキ

果物やナッツなどが入っていない、プレーンタイプのパウンドケーキです。
ハンドブレンダーを使うことで、生地が分離せず、
口溶けよく仕上がります。

レモンパウンドケーキ

さわやかなレモンの香りと、生地にしみ込んだレモンシロップの
甘酸っぱさが口の中に広がるパウンドケーキ。
レモンシロップで使ったレモンの皮のトッピングで華やかに。

C CAKE MIX

バニラパウンドケーキ

材料（18×8×高さ6cmのパウンド型 1台分）
ケーキミックス粉 … 1カップ（130g）
A ┌ バター … 110g
　　├ グラニュー糖 … 大さじ7（70g）
　　├ 卵 … 2個
　　└ バニラオイル … 少々
プレーンヨーグルト … 大さじ2（30g）

下準備
・ バターは指で押すとやっとへこむくらいの
　固さにする。
・ 卵は冷蔵庫で冷やす。
・ 型にオーブンシートを敷く。
・ オーブンを180℃に予熱する。

> **MEMO：ハンドブレンダーを使わない場合**
> 室温にもどしたバターをボウルに入れ、ゴムべらでクリーム状に練る。グラニュー糖を加えて練り混ぜ、均一になったら、室温にもどして溶きほぐした卵を10回くらいに分けて加え、混ぜる。あとは作り方**2〜6**と同様に作る。

作り方

1 深さのある容器に **A** を入れ、ハンドブレンダーでとろりとするまで攪拌し、ボウルに移す。

2 ミックス粉の半量をふるい入れ、ゴムべらに替えて底から返すように混ぜる。

3 ヨーグルトを加えて混ぜる。

4 残りのミックス粉をふるい入れ、粉が見えなくなり、なめらかになるまでしっかり混ぜる。

5 型に生地を流し入れ、スプーンで真ん中をくぼませる。

6 180℃に予熱したオーブンで35分ほど焼く。

レモンパウンドケーキ

材料＆作り方
バニラパウンドケーキと同様に下準備をし、作り方**1〜6**と同様に作る。ただし、グラニュー糖は大さじ8（80g）にし、作り方**3**のところで、プレーンヨーグルトにレモン汁小さじ1（5g）、レモンの皮（すりおろし）1個分を混ぜ合わせたものを加える。ケーキが焼き上がったら型から取り出し、レモンシロップを刷毛で全体に塗り、取り出したレモンの皮を上部に飾る。

［レモンシロップ］
レモン1個は皮をピーラでむき、果汁を搾る。果汁と水を合わせて50ml（50g）にし、グラニュー糖大さじ5（50g）とともに耐熱容器に入れる。レモンの皮も加え、電子レンジで1分ほど加熱する。一旦取り出して混ぜ、さらに1分ほど加熱し、レモンの皮を取り出す。

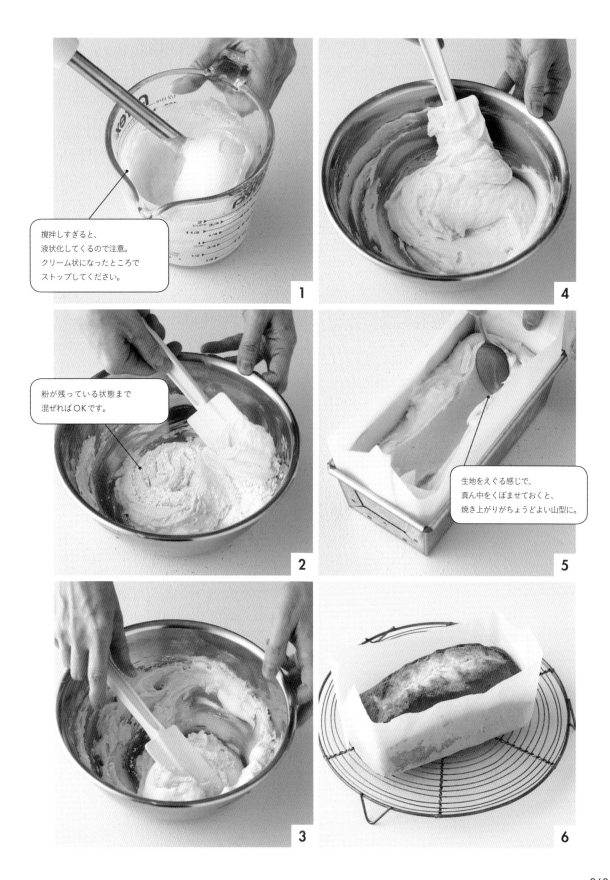

撹拌しすぎると、
液状化してくるので注意。
クリーム状になったところで
ストップしてください。

1

粉が残っている状態まで
混ぜればOKです。

2

3

4

生地をえぐる感じで、
真ん中をくぼませておくと、
焼き上がりがちょうどよい山型に。

5

6

バナナケーキ

つぶしたバナナは生地に混ぜ込み、カットしたバナナを表面にのせて
焼き上げたずっしりとした食べ応えのあるケーキ。
バナナの香りと濃厚な甘味がとってもおいしいです。

材料（18×8×高さ6cmのパウンド型　1台分）
スコーンミックス粉 … 1カップ（130g）
A │ 卵 … 1個
　　│ きび砂糖 … 大さじ4（40g）
植物油 … 70mℓ（60g）
バナナ … 2本（皮をむいた正味約200g）

下準備
・ 卵は室温にもどす。
・ バナナは140g（1と2/5本ぐらい）を
　フォークでつぶし、残りは長さを半分に切り、
　それぞれ縦半分に切る。
・ 型にオーブンシートを敷く。
・ オーブンを180℃に予熱する。

作り方

1 ボウルに**A**を入れ、泡立て器で1分ほど混ぜ、
植物油を少しずつ加えて混ぜる。

2 つぶしたバナナを加えて混ぜ、ミックス粉をふ
るい入れ、ゴムべらに替えて底から返すように
混ぜる。

3 型に生地を流し入れ、切ったバナナを切り口を
上にして表面に並べ、180℃に予熱したオーブ
ンで30分ほど焼く。

C
CAKE MIX

コーヒーマーブル
パウンドケーキ

シナモン生地とコーヒー生地を使ったマーブル模様のパウンドケーキ。
種類の違う生地を交互に加えて最後に軽く混ぜるのがポイントです。
香ばしく焼いたアーモンドがアクセントになって、さらにおいしい。

材料（18×8×高さ6cmのパウンド型 1台分）

A｜ケーキミックス粉 … 1½カップ（190g）
　｜シナモンパウダー … 小さじ¼
B｜卵 … 2個
　｜きび砂糖 … 大さじ8（80g）
生クリーム … 150mℓ（150g）
インスタントコーヒー（粉）… 小さじ3（3g）
水 … 小さじ1（5g）
スライスアーモンド … 大さじ2（10g）

下準備

・卵は室温にもどす。
・インスタントコーヒーは分量の水で溶く
　（コーヒー液）。
・型にオーブンシートを敷く。
・オーブンを180℃に予熱する。

作り方

1　ボウルにBを入れ、泡立て器で1分ほど混ぜる。

2　生クリームを電子レンジで30秒ほど温め、1に
　3回に分けて加え、混ぜる。

3　Aをふるい入れて混ぜ（シナモン生地）、80g（⅙量）
　取り分けてコーヒー液に加え、混ぜる（コーヒー
　生地）。

4　型にシナモン生地の⅓量を流し入れ、コーヒー
　生地の⅓量をすくい入れる（a）。残りのシナモ
　ン生地とコーヒー生地を2回ずつに分けて交互
　に加える（b）。

5　菜箸の後ろで軽く混ぜ、マーブル模様を作る（c）。

6　アーモンドを散らし、180℃に予熱したオーブ
　ンで35分ほど焼く。

Chiffon Cake
バニラシフォンケーキ

シフォンケーキもミックス粉があれば手軽に作れます。
バニラの香りでやさしい甘味が引き立ちます。
牛乳より、水を加えるほうが、しっとりとしたふわっふわなやわらかさに仕上がります。
卵白は、ハンドミキサーでしっかりと泡立てるのがポイント。
生地の混ぜ方、焼き上がり後の型からの外し方などのコツをおさえましょう。
デコレーションは、ホイップクリームといちごで華やかに。

バニラシフォンケーキ

材料（直径17cm×高さ8cmのシフォン型　1台分）
ケーキミックス粉 … ⅔カップ（85g）
A | 卵黄 … 4個分
　　| 植物油 … 大さじ3（40g）
水 … 50㎖（50g）
バニラオイル … 少々
卵白 … 4個分
グラニュー糖 … 大さじ5（50g）

[デコレーション]
生クリーム … 200㎖（200g）
グラニュー糖 … 大さじ1½（15g）
いちご … 3〜4個

下準備
・ 卵白は冷蔵庫で冷やしておく。
・ オーブンを170℃に予熱する。

MEMO：型の外し方
型の側面と生地の間にパレットナイフを差し入れ、一周する（**a**）。筒のまわりには竹串を差して一周し（**b**）、型を外す。底の部分にもパレットナイフを差し入れて一周し（**c**）、逆さまにして底をはがし、筒を抜き取る（**d**）。

a

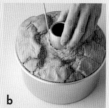
b

c

d

作り方

1 ボウルに**A**を入れて泡立て器でよく混ぜる。とろりとしたら、水とバニラオイルを順に加えて混ぜる。

2 ミックス粉をふるい入れ、粉が見えなくなるまでむらなくしっかり混ぜる。

3 別のボウルに卵白を入れ、ハンドミキサーの高速で泡立てる。泡立ちはじめたらグラニュー糖を3回に分けて加え、しなやかな角が立つまで泡立てる。

4 **2**に**3**の半量を加えて泡立て器ですくうように混ぜ、残りの**3**を2回に分けて加え、ゴムべらに替えて混ぜる。

5 型に生地を流し入れ、ゴムベラで表面を平らにならし、低い位置から3〜4回台に落とし、170℃に予熱したオーブンで25分ほど焼く。

6 焼き上がったらすぐに逆さまにし、器をひっくり返した上にのせて冷ます。型を手で触れるくらいまで冷めたら、型から取り出す。

7 デコレーションする。生クリームとグラニュー糖をボウルに入れ、氷水にあてながら八分立てに泡立ててホイップクリームを作る。クリームをケーキの表面にのせ、2〜3枚に薄切りにしたいちごを飾る。

1

2

3

ボウルを傾けてもズルズル流れず、
角の先が下がるくらいの
固さまで泡立てるのが目安です。

4

1回目はマーブル状になるまで、
2回目は混ぜきる一歩手前まで、
3回目は混ぜきるのがポイントです。

5

6

紅茶シフォンケーキ

ひと口食べると紅茶の味と香りが口の中に広がる、やわらかシフォンケーキ。
紅茶は香りの強いアールグレイがおすすめ。
シナモンパウダーなどスパイスを加えれば、チャイ風味に。

材料(直径17cm×高さ8cmのシフォン型 1台分)
ケーキミックス粉 … ⅔カップ(85g)
A | 卵黄 … 4個分
　　| 植物油 … 大さじ3(40g)
牛乳 … 大さじ1(15g)
卵白 … 4個分
グラニュー糖 … 大さじ6(60g)

[紅茶液]
水 … 50mℓ(50g)
アールグレイティーバッグ … 2袋(4g)

下準備
・ 卵白は冷蔵庫で冷やしておく。
・ 紅茶液を作る。耐熱容器に水を入れ、
　ティーバッグから茶葉を取り出して加える。
　電子レンジで50秒ほど加熱し、冷ます(**a**)。
・ オーブンを170℃に予熱する。

作り方

1 ボウルに**A**を入れて泡立て器でよく混ぜる。とろりとしたら紅茶液を茶葉ごと加えて混ぜ、牛乳を加えて混ぜる。

2 ミックス粉をふるい入れ、むらなくしっかり混ぜる。

3 別のボウルに卵白を入れ、ハンドミキサーの高速で泡立てる。泡立ちはじめたらグラニュー糖を3回に分けて加え、しなやかな角が立つまで泡立てる。

角の先が下がるくらいの固さまで泡立てるのが目安です。

4 **2**に**3**の半量を加えて泡立て器ですくうように混ぜ、残りの**3**を2回に分けて加え、ゴムべらに替えて混ぜる。

5 型に生地を流し入れ、ゴムベラで表面を平らにならし、低い位置から3〜4回台に落とし、170℃に予熱したオーブンで30分ほど焼く。

6 焼き上がったらすぐに逆さまにし、器をひっくり返した上にのせて冷ます。型を手で触れるくらいまで冷めたら、型から取り出す。

7 お好みでジャム適量(分量外)を添える。

a

チーズシフォンケーキ

クリームチーズとレモン、白ワインを使ったさわやか風味のシフォンケーキ。
クリームチーズは、室温にもどしてやわらかくしておくのがポイント。
仕上げに粉糖をふると、グッとおしゃれなケーキに変身します。

材料（直径17cm×高さ8cmのシフォン型 1台分）

A | ケーキミックス粉 … ½カップ（65g）
| コーンスターチ … 大さじ1½（10g）

クリームチーズ … 大さじ6（80g）

水 … 大さじ2（30g）

B | 卵黄 … 4個分
| 植物油 … 大さじ1½（20g）
| 白ワイン … 大さじ1（15g）
| レモン汁 … 小さじ1（5g）
| レモンの皮（すりおろし）… ½個分

卵白 … 4個分

グラニュー糖 … 大さじ6（60g）

下準備

・ クリームチーズは室温にもどす。
・ 卵白は冷蔵庫で冷やしておく。
・ オーブンを170℃に予熱する。

作り方

1 ボウルにクリームチーズを入れ、ゴムべらで練り、水を3回に分けて加え、泡立て器でよく混ぜる（**a**）。

2 均一になったら、**B**を順に加えて混ぜ、**A**をふるい入れ、むらなくしっかり混ぜる。

3 別のボウルに卵白を入れ、ハンドミキサーの高速で泡立てる。泡立ちはじめたらグラニュー糖を3回に分けて加え、しなやかな角が立つまで泡立てる。

> 角の先が下がるくらいの固さまで泡立てるのが目安です。

4 **2**に**3**の⅓を加えて泡立て器ですくうように混ぜ、残りの**3**を2回に分けて加え、ゴムべらに替えて混ぜる。

5 型に生地を流し入れ、ゴムベラで表面を平らにならし、低い位置から3〜4回台に落とし、170℃に予熱したオーブンで30分ほど焼く。

6 焼き上がったらすぐに逆さまにし、器をひっくり返した上にのせて冷ます。型を手で触れるくらいまで冷めたら、型から取り出す。

7 お好みで粉糖適量（分量外）をふる。

a

Roll Cake
ロールケーキ

ミックス粉でふわふわなスポンジ生地を焼き上げるには、
しっかりとしたメレンゲを作ることと、生地を薄くのばしすぎないのがポイント。
くるくる巻き込んだら、冷蔵庫で冷やして切り分けやすくしましょう。
しっとりとしたスポンジケーキと軽やかな生クリームの組み合わせは
幸せ広がるおいしさです。

ロールケーキ

材料（25cm長さ　1本分）
[ロール生地]
ケーキミックス粉 … 1/2カップ (65g)
A 卵黄 … 3個分
　　グラニュー糖 … 大さじ2 (20g)
　　植物油 … 大さじ2 1/3 (30g)
　　水 … 大さじ2 (30g)
卵白 … 3個分
グラニュー糖 … 大さじ3 (30g)

[ホイップクリーム]
生クリーム … 150ml (150g)
グラニュー糖 … 大さじ1 (10g)

下準備
・ 卵白は冷蔵庫で冷やしておく。
・ 天板にオーブンシートを敷く。
・ オーブンを180℃に予熱する。

作り方

1 ボウルに**A**を入れて泡立て器でよく混ぜ、とろりとしたら、ミックス粉をふるい入れ、むらなく混ぜる。

2 別のボウルに卵白を入れ、ハンドミキサーの高速で泡立てる。泡立ちはじめたらグラニュー糖を2回に分けて加え、角がピンと立つまで泡立て、しっかりとしたメレンゲを作る。

3 **1**に**2**の半量を加えて泡立て器ですくうように混ぜ、残りの**2**を2回に分けて加え、ゴムべらに替えて混ぜる。

4 天板に生地を流し入れ、パレットナイフやカードで平らにならしながら27cm四方に整え、180℃に予熱したオーブンで12分ほど焼き、網に移して冷ます。

5 新しいオーブンシートの上に焼き目を下にしてのせる。巻き始めをまっすぐに切りそろえ、巻き終わり1cmを斜めに切り落とす。

6 ホイップクリームの材料をボウルに入れ、氷水にあてながら九分立てに泡立てる。生地全体に塗って手前から巻き、冷蔵庫で30分以上冷やす。

MEMO :
クリームを塗るときのコツ
クリームを中心に広げ、中心から手前、中心から奥に向かってパレットナイフで塗り広げ、巻き終わりが薄くなるように塗ります。

MEMO :
生地を巻くときのコツ
手前をキュッと押さえて芯を作り、オーブンシートを使って巻いていきます。

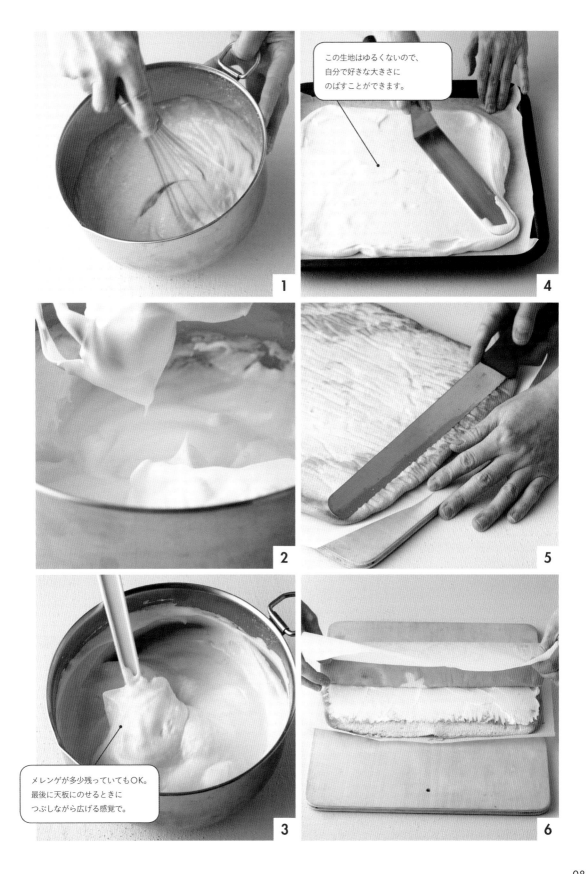

この生地はゆるくないので、
自分で好きな大きさに
のばすことができます。

メレンゲが多少残っていてもOK。
最後に天板にのせるときに
つぶしながら広げる感覚で。

ココアロールケーキ

ラム酒入りの甘さ控えめなココアクリームを使った
ブッシュドノエル風ロールケーキ。巻き込むクリームはしっかり泡立て、
デコレーション用のクリームは少しゆるめに泡立てるときれいに仕上がります。

材料(25cm長さ 1本分)
ロール生地(P84)
　…1枚(同様に焼いて冷ましたもの)

[ココアクリーム]
A｜生クリーム … 200㎖(200g)
　｜グラニュー糖 … 大さじ2(20g)
　｜ラム酒 … 小さじ1
B｜ココアパウダー… 大さじ3(20g)
　｜グラニュー糖 … 大さじ2(20g)
湯 … 小さじ4(20g)

作り方

1 Aをボウルに入れ、底を氷水にあてながら、八分立てに泡立てる。

2 Bを別のボウルに入れて泡立て器でよく混ぜ、湯を一度に加えて混ぜる。

3 1の¼量を2に加えてよく混ぜ、残りの1を2回に分けて加え、氷水にあてながら八分立てに泡立てる。

4 3の半量を取り分け、冷蔵庫に入れておく。残りの3を九分立てに泡立てる。

5 生地を新しいオーブンシートの上に焼き目を下にしてのせる。巻き始めをまっすぐに切りそろえ、巻き終わり1cmを斜めに切り落とす。

6 九分立てにした4を全体に塗って手前から巻き(**a**)、取り分けておいた4を軽く泡立て直し、表面に塗る(**b**)。冷蔵庫で2時間以上冷やす。

> クリームを外側にも塗るので、内側のクリームは薄く塗ります。外側のクリームは八分立てぐらいの固さにしましょう。

a

b

一緒に添えたいコンフィチュール

果物を使った簡単なコンフィチュールを紹介します。
パンケーキやクレープなどに添えてどうぞ。

りんごのコンフィチュール

［保存の目安：冷蔵庫で1カ月］

材料（200g分）
りんご（紅玉）… 1個（160g）
グラニュー糖 … 大さじ8（80g）
レモン汁 … 小さじ1（5g）
水 … 大さじ2⅔（40g）

酸味が強く加熱調理に向いた紅玉を使いました。
パンケーキやクレープ、スコーンに添えたり、
アップルパイのフィリングに。

作り方

1 りんご半分は皮をむいてすりおろし、残り半分は皮を残して2mm厚さのいちょう切りにする。

2 鍋にすべての材料を入れて5分ほどおく。

3 鍋を中火にかけ、煮立ったらアクをすくい、りんごが透き通り、煮汁がとろりとしてくるまで中火～弱火で10分ほど煮る。

4 清潔な瓶に入れて冷蔵庫で保存する。

マンゴーオレンジのコンフィチュール

［保存の目安：冷蔵庫で1カ月］

材料（200g分）
オレンジ … 1個（170g）
冷凍マンゴー… 100g
グラニュー糖 … 大さじ5（50g）

冷凍マンゴーを使うので、とっても簡単です。
マンゴーのとろりとした甘さを、
オレンジのさわやかな酸味が引き立てます。

作り方

1 オレンジは皮をすりおろしたあと、房から実を取り出し（約90g）、1.5cm角に切る。残った部分から果汁を搾り取る（約10g）。マンゴーは1.5cm角に切る。

2 鍋にすべての材料を入れて10分ほどおく。

3 鍋を中火にかけ、煮立ったらアクをすくい、弱火で7分ほど煮て火を止め、オレンジの皮のすりおろしを加える。

4 粗熱が取れたらハンドブレンダーで少し果肉が残る程度に攪拌する。

5 清潔な瓶に入れて冷蔵庫で保存する。

Part.3

毎日食べたい
焼き菓子
とおやつ

Cookie
ディアマン & 型抜きクッキー

クッキーにまぶしたグラニュー糖がキラキラしている様子から、
フランス語で「ダイヤモンド」という意味のクッキー『ディアマン』。
バターの香りが広がり、サクサク & ほろほろの食感がおいしい。
同じ生地を麺棒で平らにのばして、
お好みの型で抜いていろいろな形を作ってみてください。
3cm 四方の型で抜くと、約35枚分作れます。
素敵な缶に詰め合わせると手土産やプレゼントにも最適です。

ディアマン＆型抜きクッキー

材料（共通）

ディアマン：直径3cm　30個分
型抜きクッキー：3cm四方の型　約35枚分

A	ケーキミックス粉 … 1/2カップ（65g）
	薄力粉 … 2/3カップ（70g）
	アーモンドパウダー… 大さじ3（20g）
	粉糖 … 大さじ2（20g）

バター … 100g
牛乳 … 小さじ2（10g）
バニラオイル … 少々
グラニュー糖（まぶすためのもの）… 適量

下準備（共通）

・ バターは1.5cm角に切り、
　冷凍庫で5分ほど冷やす。
・ 天板にオーブンシートを敷く。
・ オーブンを180℃に予熱する。

> **MEMO ： フードプロセッサーを使わない場合**
>
> 1 室温にもどしたバターをボウルに入れ、ゴムべらでクリーム状に練る。粉糖を加えて練り混ぜ、均一になったら牛乳とバニラオイルを加えて混ぜる。
>
> 2 ミックス粉、薄力粉、アーモンドパウダーをふるい入れ、切るようにして混ぜる。作り方3のあと、冷蔵庫で1時間ほど休ませてから作り方4〜6の作業に移る。

作り方

［ ディアマンの場合 ］

1 フードプロセッサーに **A** を入れてさっと撹拌し、バターを加えてさらさらになるまで撹拌する。

2 牛乳とバニラオイルを加え、もろもろとした状態になるまでスイッチを断続的に押す。

3 生地を打ち粉適量（分量外）をふった台に取り出し、カードで切っては重ねる作業を3回繰り返す。

4 生地を2等分してそれぞれ直径2cm、長さ22cmの棒状にする。ラップで包み、冷凍庫で20分ほど休ませる。

5 台に移して、はがしたラップの上に生地をのせてグラニュー糖をふり、転がしながら全体にまぶしつける。

6 ナイフで1.5cm厚さに切り、天板に間隔をあけて並べ、180℃に予熱したオーブンで15分ほど焼く。

［ 型抜きクッキーの場合 ］

1 作り方1はディアマン同様。作り方2でフードプロセッサーで生地が塊になるまで撹拌し（**a**）、生地のできあがり。

2 オーブンシートの上に生地をのせ、4mm厚さにのばす（**b**）。

3 冷凍庫で15分ほど休ませ、お好みの型で抜く。天板に間隔をあけて並べ、180℃に予熱したオーブンで10〜12分焼く。

完全に凍らせると
割れやすくなります。
もし凍らせてしまったら、室温に
少しもどしてから切りましょう。

チョコチップクッキー

ザクザクとした食感がおいしい食べ応えのあるクッキー。
アイスクリームディッシャーを使うと、ころんとした形がかわいい。
コーヒーや紅茶はもちろん、牛乳にもよく合います。

材料（直径5cmのドーム型　16個分）

A ｜ スコーンミックス粉 … 1カップ（130g）
　｜ 薄力粉 … 1/2カップ強（60g）
B ｜ バター… 110g
　｜ きび砂糖 … 大さじ7（70g）
　｜ 卵 … 1個
チョコチップ … 2/3カップ（80g）

下準備

・ バターは指で押すとやっとへこむくらいの
　固さにする。
・ 卵は冷蔵庫で冷やしておく。
・ バットにはラップ、天板にはオーブンシートを
　敷く。
・ オーブンを180℃に予熱する。

作り方

1 深さのある容器に**B**を入れ、ハンドブレンダー
　でクリーム状になるまで攪拌する（**a**）。

2 　**A**をボウルにふるい入れ、**1**を加え（**b**）、ゴムベ
　らでさっくりと混ぜる。

3 八割方混ざったら、チョコチップを加えて混ぜ、
　小さめのアイスクリームディッシャーを使って
　生地をバットに並べる（**c**）。

> アイスクリームディッシャーが
> なければ、スプーンでもOKです。

4 冷凍庫で30分以上休ませ、天板に間隔をあけて
　並べ、180℃に予熱したオーブンで15〜17分焼
　く。

MEMO：ハンドブレンダーを使わない場合

1 室温にもどしたバターをボウルに入れ、ゴムべらでクリーム状に練る。きび砂糖を加えて練り混ぜ、均一になったら、室温にもどして溶きほぐした卵を5回くらいに分けて加え、混ぜる。
2 **A**をふるい入れ、ゴムべらでさっくりと混ぜる。あとは作り方**3**、**4**と同様に作る。

ロシアンクッキー

色鮮やかなジャムがとってもキュートなソフトクッキー。
丸めた生地の真ん中にくぼみを作り、そこにジャムを詰めて焼き上げました。
ジャムはお好みのもので、いろいろな味を楽しんで。

材料(直径5cmの丸型　16個分)

A ┌ ケーキミックス粉 … 1/2カップ(65g)
　　│ 薄力粉 … 大さじ4(30g)
　　│ コーンスターチ … 大さじ3 1/3 (20g)
　　└ グラニュー糖 … 大さじ2 1/2 (25g)
バター… 65g
牛乳 … 小さじ4(20g)
バニラオイル … 少々
お好みのジャム(ブルーベリー、いちごなど) … 適量

下準備

・ バターは1.5cm角に切り、
　冷凍庫で5分ほど冷やす。
・ バットにはラップ、天板にはオーブンシートを敷
　く。
・ オーブンを180℃に予熱する。

作り方

1 フードプロセッサーに **A** を入れてさっと撹拌し、
　バターを加えてさらさらになるまで撹拌する。

2 牛乳とバニラオイルを加え、もろもろとした状
　態になるまでスイッチを断続的に押す。

3 生地を打ち粉適量(分量外)をふった台に取り出
　し、カードで切っては重ねる作業を3回繰り返
　す。

4 生地を16等分にして手で丸め、バットに並べ、
　軽く押さえて直径3.5cmくらいの大きさにする。
　中心を指で押して直径1.5cmくらいのくぼみを
　作る(**a**)。

5 冷凍庫で10分ほど休ませ、天板に間隔をあけて
　並べ、くぼみにスプーンでジャムを入れる。

> 冷凍庫で休ませるとジャムが広がり
> にくく、きれいに仕上がります。

6 180℃に予熱したオーブンで16分ほど焼く。

MEMO：フードプロセッサーを使わない場合

1 室温にもどしたバターをボウルに入れ、ゴムべらでクリ
　ーム状に練る。グラニュー糖を加えて練り混ぜ、均一に
　なったら、牛乳とバニラオイルを加えて混ぜる。

2 ケーキミックス粉、薄力粉、コーンスターチをふるい入
　れ、切るようにして混ぜる。作り方3の後、冷蔵庫で1
　時間ほど休ませてから、作り方4〜6の作業に移る。

a

ディアマン & 型抜きクッキー生地

いちごのタルト

いちごとカスタードクリームの相性が抜群のタルトです。

ディアマンの生地を使って、型がなくても作れるタルト生地がうれしい。

仕上げにいちごジャムで作ったソースを塗れば、きれいなツヤが出てみずみずしい仕上がりに。

材料(直径20cmの円形 1台分)
[タルト生地]
ディアマン&型抜きクッキー（P92）と同じ

[カスタードクリーム]
牛乳 … 100mℓ（100g）
卵黄 … 1個分
グラニュー糖 … 大さじ2（20g）
A │ 薄力粉 … 大さじ2⁄3（5g）
　│ コーンスターチ … 大さじ1弱（5g）
バニラオイル … 少々
オレンジリキュール（あれば）… 小さじ1
プレーンヨーグルト … 小さじ2（10g）

[いちごソース]
B │ いちごジャム … 大さじ2（40g）
　│ 水 … 大さじ1（15g）
　│ レモン汁 … 小さじ1⁄2（2.5g）

[トッピング]
いちご … 1パック

下準備
・ バターは1.5cm角に切り、
　冷凍庫で5分ほど冷やす。
・ オーブンを180℃に予熱する。
・ いちごはへたを除いて3〜4枚に薄切りにする。

作り方

1 生地をディアマン（P92）と同様に作り、直径22cmにのばし、縁に指で模様をつけ（a）、フォークで全体に穴をあける（b）。

2 冷凍庫で5分ほど休ませ、オーブンシートごと天板に移し（c）、180℃に予熱したオーブンで20分ほど焼く。網に移して完全に冷ます。

3 カスタードクリームを作る。牛乳を耐熱容器に入れ、電子レンジで1分30秒ほど加熱し、沸騰直前まで温める。耐熱ボウルに卵黄とグラニュー糖を入れて混ぜ、Aをふるい入れてさっと混ぜ、温めた牛乳を少しずつ加えて混ぜる。電子レンジで20秒ほど加熱し、泡立て器で混ぜ、さらに20秒ずつ2回、表面がふつふつしてくるまで加熱し、その都度よく混ぜる。

4 バットに流し入れ、ラップを密着させるようにして覆い、保冷材などを上にのせて急冷する。使う直前にゴムべらでよく練り混ぜ、バニラオイルとあればオレンジリキュールを加えて混ぜ、ヨーグルトを加えて混ぜる。

5 2に4を塗っていちごを飾る。Bを耐熱容器に入れ、電子レンジで1分ほど加熱して混ぜ、さらに1分ほど加熱して裏ごす。いちごの上に刷毛で塗り、ツヤを出す。

a

b

c

C
CAKE MIX　ディアマン&型抜きクッキー生地

レモンのタルト

甘酸っぱいレモンクリームは何度も食べたくなるおいしさです。
タルトだけではなく、スコーンに添えてもおいしいです。タルト生地の作り方は、
型抜きクッキーと同じなので、切り分ける手間がありません。

材料（直径6cmの菊型　9個分）
[タルト生地]
ディアマン&型抜きクッキー（P92）と同じ

[レモンクリーム]（作りやすい分量）
A ┃ レモン汁 … 大さじ2（30g）
　　┃ 水 … 大さじ1（15g）
　　┃ レモンの皮（すりおろし）… 1個分
B ┃ 卵 … 1個
　　┃ グラニュー糖 … 大さじ5（50g）
バター… 70g

[トッピング]
レモン（薄切り）… 9枚
ピスタチオ（細かく刻む）… 適量

下準備
・ 生地用とレモンクリームのバターは
　1.5cm角に切り、冷蔵庫で冷やしておく。
・ 天板にオーブンシートを敷く。
・ オーブンを180℃に予熱する。

作り方

1 生地を型抜きクッキー（P92）と同様に作っての
ばし、菊型で抜く（a）。天板に間隔をあけて並べ、
180℃に予熱したオーブンで13分ほど焼く。

2 レモンクリームを作る。Aを耐熱容器に入れて
電子レンジで30秒ほど加熱する。耐熱ボウル
にBを入れてよく混ぜ、温めたAを少しずつ加
えて混ぜる。電子レンジで40秒ほど加熱して
混ぜ、さらに30秒ほど加熱する。

3 ボウルに移し入れ、氷水にあてながら45℃（お
風呂のお湯より少し熱い）くらいまで冷まし、冷
たいバターを加え、ハンドブレンダーでとろり
とするまで撹拌する。冷蔵庫で1時間ほど冷や
し固める。

> ボウルに移すときに裏ごしをすると
> より舌触りがなめらかになります。

4 完全に冷ました1の上に3をスプーンですくっ
てのせ、レモンとピスタチオを飾る。

MEMO：ハンドブレンダーを使わずに
　　　　レモンクリームを作る場合

作り方3で50℃くらいまで冷ましたあと、バターを少し
ずつ加えながら、泡立て器で混ぜる。

Pie
アップルパイ

ミックス粉とフードプロセッサーを使えば、パイ生地も簡単。
冷たくしたバターと冷水を使うのがサクサク食感にするポイントです。
生地をのばして片方にフィリングをのせて、
折りたたむだけだから成形も簡単です。
市販のりんごジャムを使っても作れますが、
手作りのりんごのコンフィチュールで作ると
格別なおいしさです。

アップルパイ

材料（22×11cmの長方形　1台分）

[パイ生地]

A | スコーンミックス粉 … 1カップ（130g）
　　| 塩 … 小さじ¼

バター… 70g

冷水 … 大さじ2⅔（40g）

[フィリング]

りんごのコンフィチュール（P88）… 120g

シナモンパウダー… 少々

溶き卵 … 適量

下準備

・ バターは1.5cm角に切り、
　冷凍庫で5分ほど冷やす。

・ りんごのコンフィチュールに
　シナモンパウダーを加えて混ぜる。

・ オーブンを200℃に予熱する。

・ オーブンシートに21cm四方の折り目を
　つけておく。

作り方

1 フードプロセッサーに **A** を入れてさっと撹拌し、バターを加えてさらさらになるまで撹拌する。冷水を加え、もろもろとした状態になるまでスイッチを断続的に押す。

2 生地を打ち粉適量（分量外）をふった台に取り出し、カードで切っては重ねる作業を3回繰り返す。

3 生地を四角く整え、めん棒で21cm四方の正方形を目安にのばす。

4 ある程度のばしたら折り目をつけたオーブンシートに移し、折り目に添ってシートを正方形に折りたたみ、その大きさに合わせてめん棒で生地をのばす。

5 生地の縁に溶き卵を刷毛で塗り、片面にフィリングをのせ、もう片面をかぶせて縁を留める。フォークで縁を押さえ、冷凍庫で10分ほど休ませる。

6 表面にナイフで切り込みを入れ、溶き卵を塗る。オーブンシートごと天板に移し、200℃に予熱したオーブンで15分、180℃に下げて15分ほど焼く。

> **MEMO : フードプロセッサーを使わない場合**
>
> 1 **A**をボウルにふるい入れ、バターを加え、カードで刻みながら粉と混ぜ合わせる。バターが小さくなってきたら、手でこすり合わせるようにしてさらさらにする。
>
> 2 中心にくぼみを作り、冷水を加え、カードでまわりの粉をかぶせるようにして混ぜたあと、カードで切り混ぜ、もろもろとした状態にする。あとは作り方**2〜6**と同様に作る。

オーブンシートごと
ひっくり返して裏側から
のばすとやりやすい。

焼く前の状態で冷凍しておけば、
いつでも焼いて食べられます。

シナモンレイヤーパイ

パイ生地をのばして半分に切り、シナモンシュガーをまぶして重ねるを繰り返して作ったパイです。
見た目にインパクトがあり、食べやすいのでプレゼントにもぴったり。
サクサクとした食感と、シナモンの甘い香りが楽しめます。

材料(6×6cmの四角形 10個分)
[パイ生地]
アップルパイ(P104)と同じ

[シナモンシュガー]
グラニュー糖 … 大さじ 2 1/2 (25g)
シナモンパウダー… 小さじ1/2

溶き卵 … 適量

下準備
・ バターは1.5cm角に切り、
  冷凍庫で5分ほど冷やす。
・ グラニュー糖とシナモンパウダーを
  混ぜ合わせ、シナモンシュガーを作る。
・ 天板にオーブンシートを敷く。
・ オーブンを190℃に予熱する。

作り方

1 アップルパイ(P104)と同様に生地を作る。

2 生地を四角く整え、めん棒で24×14cmくらいの長方形にのばす。ナイフで半分に切って表面に溶き卵を塗り、一方の生地にシナモンシュガーをまぶしつけ、もう片方の生地を溶き卵を塗った面を下にして重ね(**a**)、上からめん棒で押さえる。

3 **2**をもう一度繰り返し、めん棒で押さえたあと、サイドの不揃いな部分を切りそろえ(**b**)、半分に切って溶き卵を塗る(**c**)。一方にシナモンシュガーをまぶしつけ、もう片方をのせて上から押さえる。

4 ラップに包んで冷凍庫で15分ほど休ませ、ナイフで1cm幅に切る(**d**)。切り口を上にして天板にのせ、190℃に予熱したオーブンで15〜17分焼く。

切った生地を重ねると、
最終的に11×6×高さ3cm程度の
四角になります。

a　b　c　d

ビスコッティ
（アーモンドビスコッティ・チョコレートフルーツビスコッティ）

イタリアの伝統菓子で、二度焼きしたかためのビスケットです。
シンプルなアーモンドと風味豊かなチョコレートフルーツ。
どちらも噛めば噛むほど味が出てきます。コーヒーに浸して食べても◎。

材料（各10個分）

[アーモンドビスコッティ]

A
スコーンミックス粉 … 1カップ（130g）
アーモンドパウダー … 大さじ3（20g）
きび砂糖 … 大さじ2（20g）
シナモンパウダー … 小さじ1/2

B
卵 … 1個
植物油 … 大さじ1強（15g）

スライスアーモンド … 大さじ4（50g）

[チョコレートフルーツビスコッティ]

A
スコーンミックス粉 … 1カップ（130g）
ココアパウダー … 大さじ3（20g）
グラニュー糖 … 大さじ2（20g）

B
卵 … 1個
植物油 … 大さじ1½（20g）

ドライクランベリー … ½カップ（50g）
オレンジリキュール … 大さじ2

下準備

- 天板にオーブンシートを敷く。
- オーブンは180℃に予熱する。
- チョコレートフルーツビスコッティの
  ドライクランベリーは、熱湯をかけて
  水けをふき取り、オレンジリキュールに漬けて
  10分以上おく。

作り方

1 Aをボウルにふるい入れ、カードで中心にくぼみを作り、そこにBを加えてBの部分を泡立て器でとろりとするまで混ぜる。

2 カードでまわりの粉をBにかぶせるようにして混ぜる。粉が半分くらい混ざったら、アーモンドを加え、（チョコレートフルーツビスコッティの場合はドライクランベリーを漬け汁ごと加え）、切るようにして混ぜる。

3 粉けがほとんどなくなり、全体がしっとりとしてきたら、ボウルの底に生地を押しつけ、カードで半分に切って重ね、軽く手で押さえる作業を2〜3回繰り返す。

4 生地を打ち粉適量（分量外）をふった台に取り出し、17×10cm、厚さ1.5cmくらいのなまこ形に整える（a）。天板にのせ、180℃に予熱したオーブンで25分ほど焼く。

5 オーブンから取り出し、10分ほどおいてパン切りナイフで10等分に切り分ける。切り口を上にして天板に間隔をあけて並べ、150℃に予熱したオーブンで20分ほど焼く。

a

ブラウニー

チョコレートの風味や濃厚さを味わえるどっしりとしたチョコレートケーキ。
製菓用のチョコレートがなくても、板チョコで簡単に作れます。
酒やナッツ類を加えてアレンジしたり、切り分けてアイスを添えるのもおすすめ。

材料 (21×16×高さ3cmの耐熱バット 1台分)
A | ケーキミックス粉 … ½カップ (65g)
　　| ココアパウダー … 大さじ1½ (10g)
スイートチョコレート
　（または板チョコ・ブラック）… 2枚 (100g)
バター … 80g
グラニュー糖 … 大さじ4 (40g)
卵 … 2個
ココアパウダー … 適量

下準備
・バターと卵は室温にもどす。
・チョコレートは細かく刻む。
・耐熱バットにオーブンシートを敷く。
・オーブンを170℃に予熱する。

作り方

1 チョコレートをボウルに入れ、70℃くらいの湯煎にあてて溶かす。

2 湯煎から外し、バターをちぎって加え、泡立て器で混ぜながらなじませる。

バターの塊が残るようなら、ボウルを湯にさっとあてて溶かします。

3 グラニュー糖を加えて混ぜ、溶きほぐした卵を3〜4回に分けて加えながらよく混ぜる。

4 **A**をふるい入れ、ゴムべらで底から返すようにむらなく混ぜる。

5 耐熱バットに生地を流し入れて平らにならし、170℃に予熱したオーブンで20分ほど焼く。

6 食べやすい大きさに切り分けて器に盛り、ココアパウダーをふる。

マドレーヌ

フランスの郷土菓子。少量のはちみつを加えるとしっとりとした食感になっておいしい。
ポイントは生地を冷蔵庫でねかせること。
材料がよくなじみ、きれいに焼き上がります。

材料（シェル型　16個分）
ケーキミックス粉 … 1カップ（130g）
卵 … 2個
グラニュー糖 … 大さじ7（70g）
A 牛乳 … 大さじ2⅔（40g）
バター … 110g
はちみつ … 大さじ½（10g）

下準備
・ 卵は室温にもどす。
・ 型に室温に戻したバターを塗り、
　冷蔵庫で冷やす。
・ オーブンを190℃に予熱する。

作り方

1 **A**を小鍋に入れて弱火にかけ、バターが八割方溶けたら火を止め、あとは余熱で溶かす。

2 卵とグラニュー糖をボウルに入れて泡立て器でよく混ぜ、ミックス粉をふるい入れ、中心から外側に向かって泡立て器で円を描くように混ぜる。粉が見えなくなればOK。

3 **2**に**1**を2回に分けて加え、その都度泡立て器で混ぜる。ラップをかぶせて冷蔵庫で30分以上ねかせる。

4 型に強力粉適量（分量外）を茶こしでふるいかけ、余分な粉をはたき落とし、生地をスプーンですくい入れる。

強力粉がなければ薄力粉を
使ってください。

5 190℃に予熱したオーブンで12分ほど焼く。

洋風今川焼き
（ブルベリージャム・カスタードクリーム）

手作りの型を使って、おうちでオリジナルの今川焼きを作りましょう。
フライパンで生地を焼くので、少し時間はかかりますが、
ふっくらと焼き上がる工程も楽しめます。定番のあんこもおいしいですが、
カスタードクリームやジャムなどの洋風も合います。
クリームチーズでもぜひ試してみてください。

洋風今川焼き
（ブルベリージャム・カスタードクリーム）

材料（直径6.5cmの型　6個分）

[生地]

スコーンミックス粉 … 1カップ（130g）

A 卵 … 1個
きび砂糖 … 大さじ1½（15g）

B はちみつ … 大さじ1（20g）
牛乳 … 50㎖（50g）
水 … 50㎖（50g）

植物油 … 大さじ1（13g）

[フィリング]

ブルーベリージャム … 小さじ1½×3個分（35g）

カスタードクリーム（P99）… 大さじ1×3個分（60g）

下準備

・ 卵を室温にもどす。

・ 型を作る（下記参照）。

作り方

1 Bを耐熱容器に入れ、電子レンジで30秒ほど加熱してはちみつを溶かす。

2 Aをボウルに入れて泡立て器で混ぜ、1を加えて混ぜる。ミックス粉をふるい入れて混ぜ、植物油を加えてなめらかになるまで混ぜる。

3 フッ素樹脂加工のフライパンに型を3個並べ、中火にかける。ぬれ布巾にのせてさっと熱を取り、弱火にかけ、生地を流し入れる。

4 生地を底が隠れる程度流し入れ、蓋をして3〜5分加熱する。

5 気泡が出てきたら、中心にブルーベリージャム（またはカスタードクリーム）を等分にすくい入れ、残りの生地を流し入れる。

6 蓋をして5〜6分加熱したら、へらで勢いよくひっくり返し、蓋をしてさらに3〜5分加熱する。粗熱が取れたら型を外す。残りの3個も同様に焼く。

MEMO：型の作り方

アルミホイルを25×12cm長さに切り、折り畳んで3cm幅の帯状にする（**a**）。オーブンシートを25×9cm長さに切ってアルミホイルの帯に巻きつけ（**b**）、直径6.5cmの円形になるようホチキスで留める（**c**）。これを6個分用意する。

弱火にかけてから生地を流すことで、
型の隙間から生地が
漏れ出しても焼き固まります。

ウーピーパイ

しっとり＆やわらかいクッキー生地に、
マシュマロで作ったクリームを挟んだアメリカ発の焼き菓子。
マカロンのようにコロンとしたフォルムがかわいい一品です。

材料 (6個分)
[生地：直径7cm　12枚分]
A | ケーキミックス粉 … ⅔カップ (85g)
　　| ココアパウダー… 大さじ1½ (10g)
　　| アーモンドパウダー… 大さじ1½ (10g)
B | 卵 … 1個
　　| グラニュー糖 … 大さじ3 (30g)
　　| 植物油 … 大さじ4 (50g)
　　| プレーンヨーグルト … 小さじ4 (20g)
　　| 牛乳 … 小さじ4 (20g)

[マシュマロバタークリーム]
C | マシュマロ (小粒) … 約50個 (40g)
　　| 牛乳 … 小さじ2 (10g)
バター… 40g
生クリーム … 100㎖ (100g)

> マシュマロはぷくぷくと
> ふくらんでくるくらいまで
> 加熱しましょう。
> バターは冷たいまま加えることで、
> 人肌くらいの温度に仕上がります。

> ここでは生クリームを泡立てる
> ときに氷水にはあてません。
> **4**を加えた後、泡立てすぎると
> 分離するので注意です。

下準備
・卵は室温にもどす。
・天板にオーブンシートを敷く。
・オーブンを180℃に予熱する。

作り方

1 **B**をボウルに入れて泡立て器でむらなく混ぜる。

2 **1**に**A**をふるい入れ、ゴムべらに替えてすりつけるようにしっかりと混ぜる。

3 **2**をスプーンですくって天板に落とし、直径6cmの円形に整え (**a**)、180℃に予熱したオーブンで10分ほど焼く。

4 **C**を耐熱ボウルに入れ、電子レンジで40秒ほど加熱してよく混ぜる。バターを冷たいまま薄く切って加え、余熱で溶かす。

5 生クリームを七分立てに泡立て、**4**を一度に加え、泡立て器で軽く角が立つまで泡立てる。

6 **3**が冷めたら二枚一組にして間に**5**を適量挟み、冷蔵庫で15分以上冷やし固める。

a

どら焼き
（粒あん・栗&クリーム）

生地にはちみつを入れることで、風味が加わり、
しっとりとした食感に仕上がります。
あんこや生クリームと栗の甘煮を挟んで2種類のどら焼きを楽しんで。

材料（6個分）
［粒あん］

［生地：直径9cm　12枚分］
A｜ケーキミックス粉 … 1カップ（130g）
　｜重曹 … 小さじ1/3
　卵 … 2個
　上白糖 … 大さじ3（30g）
B｜はちみつ … 大さじ1（20g）
　｜牛乳 … 大さじ2（30g）
　｜水 … 小さじ4（20g）
　植物油 … 小さじ1（4g）

［フィリング］
粒あん … 200g

下準備
・卵は室温にもどす。

作り方

1 Bを耐熱容器に入れ、電子レンジで20秒ほど加熱してはちみつを溶かす。

2 卵と上白糖をボウルに入れて泡立て器で混ぜ、1を加えて混ぜる。

3 Aをふるい入れて混ぜ、植物油を加えてなめらかになるまで混ぜる。

4 フッ素樹脂加工のフライパンを中火で熱し、植物油少々（分量外）を全体に広げ、ペーパータオルでふき取る。底をぬれ布巾の上にさっとのせて温度を均一にする。

5 3を大さじ1杯強ずつ流し入れ、蓋をして弱火で1〜2分焼く。裏返して20〜30秒焼く。残りの生地も同様に焼く。

> 表面に大きな気泡が5〜6個出てくるまで焼いて、裏返しましょう。

6 冷めたら生地を二枚一組にし、間に粒あんを等分に挟んで仕上げ、ラップで包む。

［栗&クリームの場合］
作り方1〜5同様に生地を焼く。生クリーム100mℓ（100g）とグラニュー糖大さじ1/2（5g）をボウルに入れ、氷水にあてながら九分立てに泡立て、ホイップクリームを作る。生地を二枚一組にし、一方にクリーム適量を塗り、栗の甘煮（市販）200gを等分にのせる。もう一方をかぶせて軽く押さえる。

カステラ

やわらかくてしっとり、卵の味がしっかりと味わえるカステラも簡単。
卵白は泡立てすぎないこと、冷ますときにラップをはることで、
カステラらしいずっしりとした食べ応えやしっとり感を出すことができます。

材料(26×20×高さ4cmのバット　1台分)
A ｜ ケーキミックス粉 … 1カップ(130g)
　｜ 強力粉 … 1/3カップ強(50g)
卵白 … 5個分(170g)
上白糖 … 3/4カップ(100g)
卵黄 … 5個分(85g)
B ｜ はちみつ … 大さじ4(80g)
　｜ 水 … 大さじ2 2/3(40g)
植物油 … 大さじ2 1/3(30g)

下準備
・ 卵黄と卵白は冷蔵庫で冷やしておく。
・ 型にオーブンシートを敷く。
・ オーブンを170℃に予熱する。

作り方

1 Bを耐熱容器に入れ、電子レンジで30秒ほど加熱してはちみつを溶かし、冷ます。

2 ボウルに卵白を入れ、ハンドミキサーの高速で泡立てる。泡立ちはじめたら上白糖を3回に分けて加え、リボン状に重なり落ちるくらいまで泡立てる(a)。角は立たない。

3 溶きほぐした卵黄を一度に加え、ハンドミキサーでさっと混ぜる。1を2回に分けて加え、その都度さっと混ぜる。

植物油を加えた後
20回ぐらい混ぜて、ツヤが出て
均一になればOKです。

4 Aを4〜5回に分けてふるい入れ、ゴムべらに替えてその都度しっかり混ぜる。植物油を加え、20回くらい混ぜる。

5 型に生地を流し入れて平らにならし、台の上に低い位置から10回くらい落とす。170℃に予熱したオーブンで35分ほど焼く。

6 型ごと台にストンと落とし、オーブンシートごと型から取り出して網に移す。表面にラップをはり、バットをのせて網ごとひっくり返す。冷めたら上下を元にもどしてラップをはがす。

角が立つほど泡立てないよう
注意しましょう。

a

ドーナツ

丸型とペットボトルの蓋があれば、ドーナツ専用の型がなくても大丈夫。
仕上げはシナモンシュガーを使っていますが、
シナモンパウダーをきなこや抹茶に代えてもおいしいです。

材料（直径7cmの丸型　9個分）
スコーンミックス粉 … 2カップ（260g）
バター … 20g
牛乳 … 60mℓ（60g）
A ┃ プレーンヨーグルト … 大さじ1（15g）
　 ┃ 卵 … 1個
　 ┃ グラニュー糖 … 大さじ3$\frac{1}{2}$（35g）
揚げ油 … 適量

[シナモンシュガー]
グラニュー糖 … 大さじ6（60g）
シナモンパウダー … 小さじ1

下準備
・ 卵は室温にもどす。
・ グラニュー糖とシナモンパウダーを混ぜ合わせ、
　 シナモンシュガーを作る。

作り方

1 ミックス粉をボウルにふるい入れる。

2 バターと牛乳を耐熱容器に入れ、電子レンジで30秒ほど加熱し、バターを溶かす。Aを順に加え、泡立て器で混ぜる。

3 1に2を加えてゴムべらで混ぜ、打ち粉（分量外）をふった台に取り出し、めん棒で1.5cm厚さにのばす。

4 冷凍庫で20分ほど冷やして直径7cmの丸型で抜き、中心をペットボトルの蓋で抜く。余った生地はまとめてのばし、同様に抜く。

5 150～160℃の揚げ油で両面1分半ずつくらい揚げる。熱いうちにシナモンシュガーをまぶす。

> 穴がふさがらないよう、
> 菜箸などを穴の中にさし入れて、
> くるくる回しながら揚げます。

焼き菓子の食べ頃と保存方法のこと

	食べ頃	保存	解凍
パンケーキ	・焼きたてがおいしい。	・1枚ずつラップで包み、冷凍用保存袋に入れて冷凍保存。保存期間は2週間。	・室温で自然解凍か、凍ったまま電子レンジで1枚当たり約15秒加熱する。
クレープ	・焼きたてがおいしい。	・ラップかオーブンシートを挟みながら重ね、全体をラップで包み、冷凍用保存袋に入れて冷凍保存。保存期間は2週間。 ・焼く前の生地は冷蔵庫で2日間保存できる。	・1枚ずつはがして室温で自然解凍。
スコーン	・焼いた後、粗熱が取れたころがおいしい。	・1個ずつラップで包み、冷凍用保存袋に入れて保存。保存期間は冷凍で2週間、冷蔵2日間。 ・バターを使った生地は、焼く前の状態で、ラップで1個ずつ包み、冷凍用保存袋に入れて冷凍保存も可能。保存期間は2週間。	・室温で自然解凍か、凍ったまま電子レンジで1個当たり約15秒加熱する。 ・焼く前の生地は、解凍せずにそのまま焼いてOK。
マフィン	・焼いた後、粗熱が取れた頃がおいしい。	・1個ずつラップで包み、冷凍用保存袋に入れて保存。保存期間は冷蔵で3日間、冷凍で2週間。	・室温で自然解凍か、凍ったまま電子レンジで1個当たり約30秒加熱する。
クイックブレッド	・焼いた後、粗熱が取れてから当日中がおいしい。 ・スライスし、トースターで周りがカリッとするまで焼いて食べるのもおすすめ。	・冷蔵する場合は、切らずに丸ごとラップで包み、冷凍する場合は1切れずつラップで包み、冷凍用保存袋に入れて保存。保存期間は冷蔵で2日間、冷凍はレーズンとくるみのクイックブレッドのみ2週間保存可能。	・室温で自然解凍か、凍ったまま電子レンジで1切れ当たり約20秒加熱する。
パウンドケーキ	・焼いた後、粗熱が取れてから2日後までがおいしい。常温でも冷やしてもOK。	・冷蔵する場合は切らずに丸ごとラップで包み、冷凍する場合は1切れずつラップで包み、冷凍用保存袋に入れて保存。保存期間は冷蔵で3日間、冷凍で2週間。	・室温で自然解凍か、凍ったまま電子レンジで1切れ当たり約20秒加熱する。
シフォンケーキ	・焼いた後、粗熱が取れてから2日後までがおいしい。常温でも冷やしてもOK。	・冷蔵する場合は切らずに丸ごとラップで包み、冷凍する場合は1切れずつラップで包み、冷凍用保存袋に入れて保存。保存期間は、デコレーションする前の状態で、冷蔵で2日間、冷凍で2週間。 ・デコレーションしたものは当日中に食べきる。	・室温で自然解凍か、凍ったまま電子レンジで1切れ当たり約20秒加熱する。
ロールケーキ	・冷蔵庫で冷やして食べる。	・冷蔵する場合はラップで覆い、冷凍する場合はラップで全体を包み、冷凍用保存袋に入れて保存。保存期間は冷蔵で2日間、冷凍で2週間。	・冷蔵庫で5〜6時間おいて自然解凍。凍ったまま1切れずつに切っておくと1時間ほどで解凍できる。
クッキー	・焼いた後、完全に冷めてからがおいしい。	・密閉容器または袋に乾燥剤と共に入れ、常温で保存。保存期間は2週間。 ・焼く前の生地はラップで包み、冷凍用保存袋に入れて冷凍保存。保存期間は2週間。	・解凍せずにそのまま焼いてOK。ただし、ディアマンは室温または冷蔵庫でナイフで切れるくらいまで解凍してから切り分けて焼く。
タルト	・冷蔵庫で冷やして食べる。	・フルーツやクリームをのせたものは冷蔵保存。保存期間は2日間。 ・焼く前の生地はラップで包み、冷凍用保存袋に入れて冷凍保存。保存期間は2週間。	・焼く前の生地は解凍せずにそのまま焼いてOK。

	食べ頃	保存	解凍
アップルパイ	・焼いた後、粗熱が取れたころがおいしい。冷やしてもOK。	・ラップで包み、冷凍用保存袋に入れて保存。冷蔵で2日間、冷凍で2週間。 ・焼く前の成形した状態もラップで包み、冷凍用保存袋に入れて保存できる。冷凍で2週間。	・室温で自然解凍か、凍ったまま電子レンジで約20秒〜1分加熱後、トースターで焼く。焼く前なら解凍せずにそのまま焼いてOK。
シナモンレイヤーパイ	・焼いた後、完全に冷めてからがおいしい。	・密閉容器または袋に乾燥剤と共に入れ、常温で保存する。保存期間は2週間。 ・焼く前の生地はラップで包み、冷凍用保存袋に入れて冷凍保存。保存期間は2週間。	・室温または冷蔵庫でナイフで切れるぐらいまで解凍してから切り分けて焼く。
ビスコッティ	・焼いた後、完全に冷めてからがおいしい。	・密閉容器または袋に乾燥剤と共に入れ、常温で保存する。保存期間は2週間。	
ブラウニー	・焼いた後、粗熱が取れてから2日後までがおいしい。常温でも冷やしてもOK。	・1切れずつラップで包み、冷凍用保存袋に入れて保存。保存期間は冷蔵で3日間、冷凍で2週間。	・室温で自然解凍か、凍ったまま電子レンジで1切れ当たり約15秒加熱する。
マドレーヌ	・焼いた後、粗熱が取れてから2日後までがおいしい。常温で食べるのがおいしい。	・1個ずつラップで包み、冷凍用保存袋に入れて保存。保存期間は、冷蔵で3日間、冷凍で2週間。	・室温で自然解凍か、凍ったまま電子レンジで1個当たり約15秒加熱する。
今川焼き	・焼いた後、粗熱が取れたころがおいしい。	・カスタードはその日のうちに食べる。 ・ジャムは1個ずつラップで包み、冷凍用保存袋に入れて保存。保存期間は冷蔵で2日間、冷凍で1週間。	・ジャムは室温で自然解凍か、凍ったまま電子レンジで1個当たり約30秒加熱する。
ウーピーパイ	・冷蔵庫で冷やして食べるのがおいしい。	・1個ずつラップで包み、冷凍用保存袋に入れて保存。保存期間は冷蔵で3日間、冷凍で2週間。	・室温か冷蔵庫で自然解凍。
どら焼き	・作ってすぐ〜翌日がおいしい。	・1個ずつラップで包み、冷凍用保存袋に入れて保存。保存期間は冷蔵で2日間、冷凍で2週間。	・室温か冷蔵庫で自然解凍。
カステラ	・焼いた当日よりも翌日以降がおいしい。	・冷蔵する場合は丸ごとラップで包み、冷凍する場合は1切れずつラップで包み、冷凍用保存袋に入れて保存。保存期間は、冷蔵で1週間、冷凍で3週間。	・室温か冷蔵庫で自然解凍、あるいは電子レンジで1切れ当たり約15秒加熱する。
ドーナツ	・揚げたてがおいしい。	・その日のうちに食べる。	

吉川文子（よしかわ ふみこ）

お菓子研究家。自宅で洋菓子教室「KOUGLOF」を主宰。藤野真紀子氏、近藤冬子氏、フランス人パティシエのサントス・アントワーヌ氏らに師事し、お菓子作りを学ぶ。1999年「NHKきょうの料理大賞 '99お菓子・デザート部門」にて部門賞を受賞。フランスの伝統菓子をベースに、手軽においしく作れるレシピに定評があり、書籍や雑誌で活躍中。バターを使わないで作る洋菓子も一目置かれる。著書に『トレイベイク』（主婦と生活社）、『生クリームなしで作るアイスクリームとフローズンデザート』（文化出版局）など多数ある。

自家製ミックス粉で
かんたんおやつ

2020年3月6日　初版発行

著　者　吉川文子　©Yoshikawa Fumiko, 2020
発行者　田村正隆
発行所　株式会社ナツメ社
　　　　東京都千代田区神田神保町1-52ナツメ社ビル1F
　　　　（〒101-0051）
　　　　電話：03-3291-1257（代表）
　　　　FAX：03-3291-5761
　　　　振替：00130-1-58661
制　作　ナツメ出版企画株式会社
　　　　東京都千代田区神田神保町1-52　ナツメ社ビル3F
　　　　（〒101-0051）
　　　　電話：03-3295-3921（代表）
印刷所　図書印刷株式会社
ISBN978-4-8163-6797-7　Printed in Japan

デザイン：福間優子
撮影：小林キユウ
スタイリング：花沢理恵
編集・取材協力：丸山みき（SORA企画）
編集アシスタント：大森奈津
編集担当：齋藤友里（ナツメ出版企画）
撮影協力：ジョイント（リーノ・エ・リーナ、ピリヴィッツ）
　　　　　03-3723-4270

材料提供：TOMIZ（富澤商店）
https://tomiz.com
電話：042-776-6488
受付時間：月～金 9:00～17:00／土 9:00～15:00

本書に関するお問い合わせは、
上記、ナツメ出版企画株式会社までお願いいたします。

ナツメ社Webサイト
http://www.natsume.co.jp
書籍の最新情報（正誤情報を含む）はナツメ社Webサイトをご覧ください。